DANS LES DEUX
M. FOUCQUES DE VAGNON...
DAX
Rue des ...

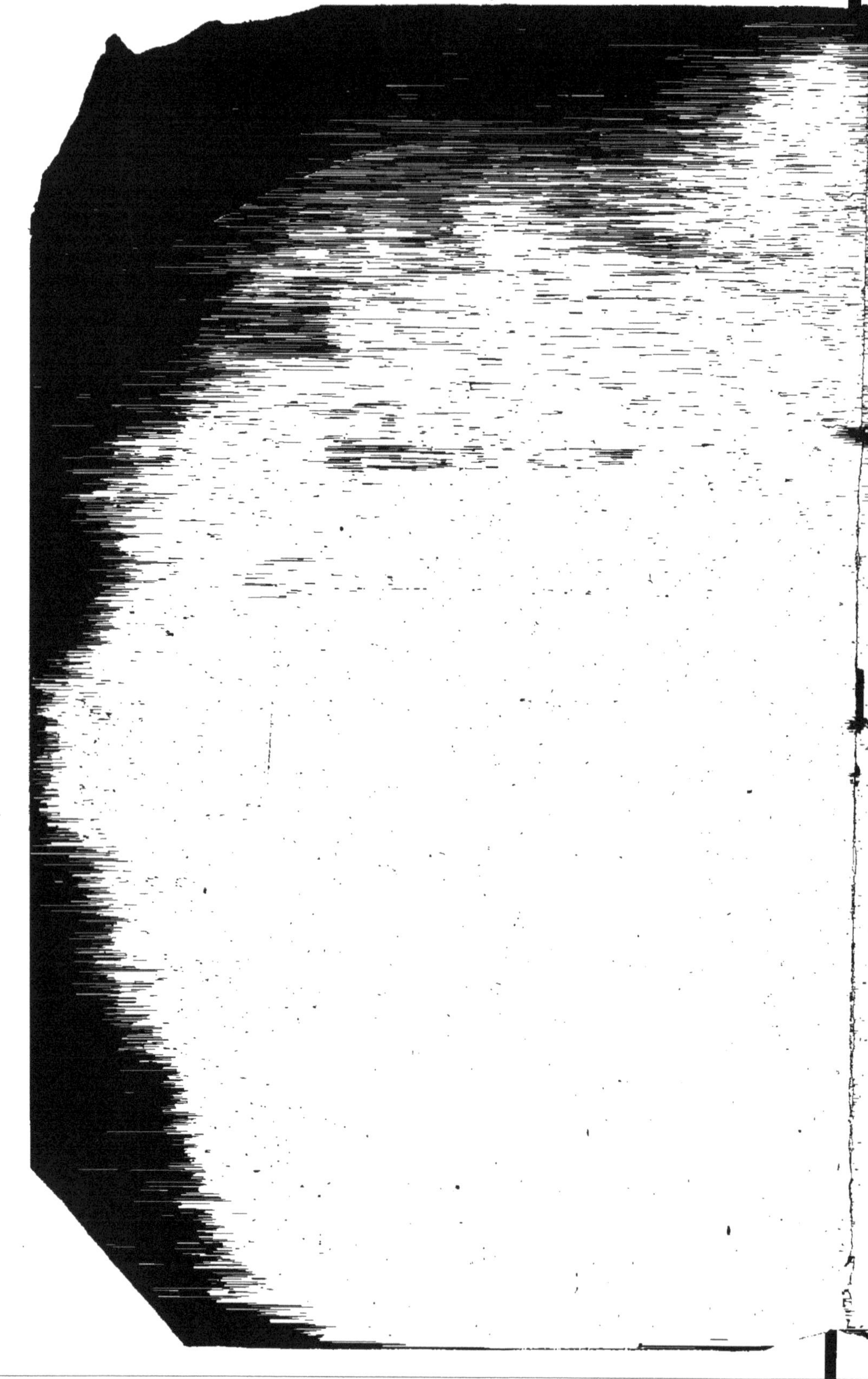

DIVERSES PARTICULARITÉS

SUR LES

PÉRIPÉTIES DU COMMERCE MARITIME

DANS LES DEUX INDES

Vers la fin du XVIᵉ siècle.

DOUAI. — IMPRIMERIE L. CRÉPIN.

Extrait des Mémoires de la Société impériale d'Agriculture, de Sciences et d'Arts, séant à Douai, tome VIIe, 2e série.

DIVERSES PARTICULARITÉS

SUR LES

PÉRIPÉTIES DU COMMERCE MARITIME

DANS LES DEUX INDES

Vers la fin du XVIe siècle,

Par

M. FOUCQUES DE VAGNONVILLE

Membre honoraire.

DOUAI

LUCIEN CRÉPIN, LIBRAIRE-ÉDITEUR

32, Rue des Procureurs, 32.

1864

DIVERSES PARTICULARITÉS

SUR

LES PÉRIPÉTIES DU COMMERCE MARITIME

DANS LES DEUX INDES

Vers la fin du XVI⁰ siècle.

PAR M. FOUCQUES DE VAGNONVILLE

Membre honoraire.

SOMMAIRE.

Déplacement dans les intérêts commerciaux de l'Europe, par suite des voies nouvelles qui mènent aux deux Indes. — Préjudice qu'éprouvent ceux de l'Italie. — Les Européens se disputent ces marchés lointains. Combats navals entre Portugais et Hollandais. — La part que prennent les missionnaires dans le mouvement général. — Coup d'œil jeté sur les conséquences de ces faits, de 1580 à 1615. — Des anciens itinéraires en Asie, et des caravanes. Les Portugais, les Espagnols, les Hollandais, ferment, à l'exemple des Chinois, l'ac-

DIVERSES PARTICULARITES

sur

LES PÉRIPÉTIES DU COMMERCE MARITIME

Dans les deux Indes

Vers la fin du XVIe siècle.

Le siècle de la renaissance, le XVe siècle, qui fut celui
des grandes choses, et le précurseur de la civilisation mo-
derne, eut, parmi tant d'évènements importants, la fortune
de compter celui de la découverte du nouveau monde.
A peu près vers le même temps, la nouvelle route des
Indes orientales est ouverte aux navires portugais et Hollandais par le cap de Bonne-Espérance. L'ère des navigations
hardies et la recherche des contrées inconnues commence :
elle élargit démesurément le domaine commercial. Le scep-
tre du commerce, ou en d'autres termes, le monopole des
richesses produites par l'Asie, est arraché à Venise, à Gênes,
à l'Italie. L'itinéraire des caravanes est abandonné. Ces régions des Indes orientales et occidentales promettent au
négoce des moissons incalculables. Quiconque voudra se
faire une juste idée de la révolution qui s'opère alors, n'aura
qu'à prendre le recueil des relations de voyages laborieuse-
ment rassemblées par Ramusio en trois gros merveilleux
volumes, qui renferment le récit des expéditions de Vasco de

Gama, de Pédro Alvarès, d'Amerigo Vespucci, de Thomas
Lopez, de Fernand Cortez, de Pizarre, d'Antonio de Mendoz-
za, de Cesare de Federici, de beaucoup d'autres encore, et
les lettres de François Xavier datées du Japon en 1549. Jean-
Baptiste Ramusio, secrétaire du conseil des Dix de la seigneurie de Venise, aime les voyages comme doit les aimer
un Vénitien, un ami de Hieronimo Frascatore, un compatriote de Marco Polo. Chacun connaît Marco Polo, ne fut-
ce que par l'anecdote singulière des haillons de mendiant
dont il revint couvert à la suite de ses longues pérégrinations,
et dont, décousant la doublure, il fit rouler aux yeux de
ses amis étonnés perles, diamants, rubis, qu'il avait sous-
traits de la sorte aux Arabes du désert. Eh bien ! lorsqu'on
ouvre le recueil de Ramusio, il semble de même que les
diamants des deux mondes s'échappent de ses pages, tant
il n'y est question que de la pêche des perles de Ceylan,
que de l'or du Mexique, que de l'argent tiré de Cusco (le
Pérou). Ces pages furent imprimées par les Giunti l'an
1560, dans un siècle qui fut si splendide en opulence. Il
nous est facile de nous représenter l'effet de l'apparition
d'un tel livre, à nous qui nous souvenons encore de l'émo-
tion que causa de nos jours la description des placers de
la Californie. Au XVe siècle, vient se joindre à l'impulsion
provoquée dans les affaires commerciales par ces découvertes, l'élan des missions religieuses. Des hommes, pleins
d'une ardente foi, envisagent à un autre point de vue
bien plus élevé, ces contrées nouvellement ouvertes à
la catholique Europe ; ils y voient de nombreuses populations à arracher aux erreurs de l'idôlatrie, en sorte que
commerçants et missionnaires se précipitent ensemble dans
ces mondes nouveaux, les uns pour acquérir des richesses,
les autres pour conquérir des âmes. Grande mêlée ! je dis

grande mêlée, car, tandis que souvent coule le sang des missionnaires, celui des Portugais et des Hollandais, se disputant le commerce des Indes, coule également à flots. Combien ces mers lointaines ont vu s'accomplir de luttes acharnées, et d'épisodes de la rivalité des peuples navigateurs. Dans le même temps, l'Italie dépossédée, comme nous l'avons dit, de son privilége d'entrepositaire des denrées asiatiques, sentait sa prospérité commerciale toucher à son déclin. C'est un coin du tableau de tous ces événements confondus, que nous avons envisagé et voulu reproduire, en puisant nos renseignements dans la correspondance des Médicis. Nous allons, nous renfermant dans des limites assez restreintes à l'égard de la période d'années que nous parcourrons, époque où l'Italie était déjà mortellement atteinte par ce changement de la route des Indes, nous allons indiquer quelque phases de cette curieuse histoire de voyages et de missions apostoliques, mais sans avoir la prétention, nous le déclarons d'avance, de faire autre chose qu'une esquisse, à l'aide des documents, la plupart inédits, qui ont passé par nos mains. Quelques traits suffisent parfois pour mettre en relief une situation.

Les principales découvertes de continents datent en général de la fin du XVe siècle ou du commencement du XVIe, par conséquent elles sont antérieures à Ferdinand Ier, grand duc de Toscane. Arrivons à ce prince et aux années de 1580 à 1660, dont nous avons entrepris de parler.

L'ancienne communication avec les Indes avait lieu par le levant que baigne la Méditerranée et la mer Noire, ce levant où les républiques de Pise, de Gênes, de Venise, de Florence tenaient des factoreries depuis un temps immémorial, et par la Perse que traversaient les caravanes qui apportaient les épices à la marine marchande italienne, dans les ports de la mer Caspienne et dans ceux de l'Asie mineure.

Nous retrouvons ces itinéraires, suivis par ces caravanes qui arrivaient par terre jusqu'aux Indes, décrits par Ferdinand Ier lui-même du fond de son cabinet de l'Ambrogiana (1). Qu'on lise à ce sujet, la lettre qu'il adresse au cardinal Del Monte Sansavino et dont nous nous plaisons à donner la traduction, parce que nous croyons cette lettre inédite.

Au cardinal Del Monte,

du 19 décembre 1600.

« Je mande à votre illustrissime seigneurie une patente accordée par le roi de Perse en faveur de la religion catholique et en faveur des marchands. Cette patente est apportée par un ambassadeur du roi de Perse qui est arrivé à la cour de l'Empereur, voilà déjà nombre de jours. Il doit même être parti maintenant pour venir ici, afin de traiter d'affaire intéressant le service public, dont il a conféré à Prague avec Monseigneur Concino. (2) Il lui a révélé, en particulier, que son maître veut faire la guerre au Turc, pourvu que les chrétiens la lui déclarent aussi de leur côté. Il assure que ce monarque est bien disposé à l'égard des choses de la religion. Cet ambassadeur se nomme Don Antonio; il est anglais, et je le comptais parmi mes amis avant qu'il passât en Perse. Il jouit auprès de ce roi du crédit le plus étendu. Il a un frère, demeuré près de ce souverain, frère qui m'est parfaitement connu. »

(1) Villa Royale à quelques kilom tres de Floren™.

(2) Monsignor Cosimo Concino, frère du maréchal d'Ancre, ambassadeur du grand duc près de la Cour impériale.

« Il me semble que Dieu ouvre une superbe voie au service de sa divine Majesté, si nous savons y entrer. Il l'ouvre particulièrement en poussant ce prince à déclarer la guerre au Turc, et en manifestant l'intention d'accorder aux chrétiens le droit de fonder des églises dans ses états. Votre illustrissime seigneurie sait en effet que, dans l'empire ottoman, il existe un nombre considérable de chrétiens ; et s'ils entendent dire que leur religion est protégée en Perse par le roi, ils se réfugieront sous sa domination ; peut-être même qu'enhardis par la protection de ce prince, ils pourront méditer de se soulever contre le Turc. Il conviendrait donc d'y envoyer des religieux qui eussent une pratique de la langue persane, et de la faire apprendre ici à beaucoup d'autres religieux. De mon côté, je me charge à Florence de stimuler quelques uns d'entre eux à se livrer à cette étude. Nous avons des hommes qui sont allés en Perse, et en possèdent l'idiôme. »

« La route pour se rendre en Perse est longue sans être difficile, et l'on a le choix de deux. L'une serait d'aller à Lisbonne, de s'embarquer sur les navires qui partent pour les Indes Orientales, et d'aborder à Ormus. Puis d'Ormus, en continuant par voie de terre, on atteint en trente cinq journées la résidence du Persan. Il est vrai que ce voyage par mer est excessivement long, et s'entreprend au risque de la vie, car on est forcé de passer sous la ligne équinoxiale où beaucoup de gens tombent malades, et meurent durant la traversée, qui exige environ deux ans. »

« Il se trouve un autre itinéraire plus court et plus sûr ; c'est celui qu'a suivi l'ambassadeur ci-dessus mentionné, et que je lui indiquai, lorsqu'il se rendit là. Il consiste à s'embarquer à Livourne sur un navire anglais ou flamand. En trois mois environ, on arrive au port de Saint-Nicolas, en Moscovie. De là l'on prend sa route à travers la Moscovie, et en moins de deux mois l'on atteint la mer Caspienne, en descendant le cours du fleuve. Après avoir franchi cette mer, en parcourant un espace de 600 milles, on arrive en Perse à des possessions de cet ambassadeur, dont le roi de ce pays lui a fait présent. Ensuite, dans l'espace d'un mois, on parvient à sa cour. Le voyage depuis le port de Saint-Nicolas jusqu'à la Caspienne est si aisé, que c'est par là que de la mer Caspienne nous vient le caviar qu'on embarque à Saint-Nicolas, et qui est transporté à Livourne, où il se vend deux ou trois grazie la livre. (1) D'après ce détail, que votre illustrissime seigneurie considère la facilité que présente cette traversée. A Guise et à Livourne, nous avons deux maisons de commerce qui ont un comptoir ouvert en Moscovie, de façon que nous pouvons y envoyer des agents à notre volonté. Il y aurait encore une autre route par terre, qui serait d'aller d'ici en Pologne, et de Pologne en Moscovie; mais le roi de Pologne en a interdit le passage à un ambassadeur de l'Empereur qui se rendait en Moscovie, et il agit de même envers toute personne de qualité. Par ce motif, la voie de mer est la plus sûre, principalement si les hommes qui la suivraient étaient protégés par moi, qui connais tout les capitaines de navire qui vont et viennent selon cet itinéraire, et qui sont à la solde de marchands habitant mes Etats. Il est nécessaire toutefois de noter que ce voyage ne peut s'exécuter qu'en été, parce que la mer gèle dans ces régions. »

Votre illustrissime seigneurie pourra, si elle le juge à

(1) De 14 à 21 centimes la livre de douze onces toscanes, ou 340 de nos grammes.

propos, transmettre ces renseignements au cardinal Baronius, ou à tous qu'elle croira convenable, en leur annonçant que je suis prêt à m'employer à ce qu'ils estimeront utile au service de Dieu et au bénéfice du public. Que votre illustrissime seigneurie m'excuse si j'ai écrit une aussi longue lettre : l'affaire le comportait. Je ferai un accueil favorable à l'embassadeur dont j'ai parlé. Je vous baise la main. »

De l'Ambrogiana.

Le grand duc de Toscane (1).

Qu'on nous permette ici un hors-d'œuvre, de nature à élucider la présente relation, parce qu'il offrira des données biographiques, que nous croyons neuves, sur l'ambassadeur en question. Elle sont tirées d'une réponse du cardinal Del Monte Sansavino, en date de Rome, 28 avril 1601. Cet ambassadeur se nommait Antoine Scierlen, et l'envoyé persan qui l'accompagnait, s'appelait Serinolli-Begh. (2) On disait le premier fils d'un trésorier de la reine Elisabeth d'Angleterre. Il avait fait la guerre sous le roi de Navarre ; puis laissé la France, et pris du service en Flandre contre l'Espagne. Fait prisonnier dans une grosse escarmouche, il paya au duc de Parme une forte rançon. Cela étant parvenu aux oreilles de la reine d'Angleterre, elle conçut le soupçon que le père s'était servi des deniers royaux pour payer cette rançon, et elle le fit jeter en

(1) Archives des Médicis. 50ᵉ volume de la correspondance des Cardinaux.

(2) Ces noms nous sont conservés par le chevalier Settimani, dans ses mémoires inédits, journal manuscrit qui se trouve aux archives des Médicis.

prison, où il se trouvait encore à la date de 1601. Le fils instruit du sort de son père, s'en vint en Italie, où, entendant parler des événements de Ferrare, que le pape Clément VIII voulait faire rentrer dans les possessions de l'église, parce-qu'à la mort d'Alphonse II, duc d'Este, survenue en 1598, il ne restait plus qu'un bâtard, Don César d'Este, Scierlen se rendit près de ce dernier pour lui offrir quatre mille soldats anglais. Au moyen de cette ruse, il lui soutira quelqu'argent. Les affaires de Ferrare s'étant arrangées, il vint à Rome, où rencontrant un frère de St-Augustin qui connaissait bien les choses de la Perse, il résolut de se rendre en ces contrées, et, afin d'avoir un moyen d'introduction, il se donna pour un ambassadeur des Francs. Admis près du Sophi, grâce à son expérience et à sa capacité, il apprit à ce prince, peu au courant des progrès de l'Europe, mille préceptes remarquables de l'art de la guerre, ce qui le fit pénétrer très avant dans ses bonnes grâces. Comme il reconnut que ce monarque était d'humeur belliqueuse, il l'exhorta à rompre avec le Turc, en lui donnant l'espoir d'engager les Francs dans la même entreprise. C'est ainsi qu'il reparut en Europe avec le titre d'ambassadeur du Sophi, et visita diverses cours, entre autres celle du Pape, où ses lettres de créance ayant été données à déchiffrer, furent traduites de plusieurs façons différentes, à cause de la pénurie où l'on était d'un bon interprète ; ce qui, (joint à d'autres lettres du frère de St-Augustin qui annonçait aussi son retour, et suppliait qu'on ne prît aucune résolution, avant qu'il n'eût donné ses informations), sema des doutes dans les esprits, d'autant plus que l'anglais se brouilla avec son collègue l'envoyé Persan, chacun d'eux se disputant les prérogatives de chef de l'ambassade ; de telle sorte que, par suite des délais qu'en eût à subir l'audience publique, la négociation n'aboutit à rien (1).

La cause véritable qui la fit avorter, fut une adroite manœuvre de l'Espagne Antérieurement déjà, lorsque Vecchietti, dont nous parlerons amplement plus loin, avait entamé des pourparlers avec cette cour, afin qu'on envoyât au Sophi des hommes habiles dans la science des fortifications et de l'artillerie, dans la confection des équipages militaires, des arquebuses, et autres armes de guerre, Sa Majesté catholique avait, en définitive, déclaré, qu'il ne valait rien de fournir ces ressources aux Persans, parce que ces ressources mêmes pourraient leur servir à attaquer les possessions Espagnoles qui confinaient avec la Perse. Lors donc qu'Antonio Scierlen et Sérinolli-Begh arrivèrent à Rome, le duc de Sessa, qui s'y trouvait à titre d'ambassadeur du Roi d'Espagne, voulant empêcher le Pape de nouer cette négociation, suscita un agent, qui s'insinuant dans la demeure des envoyés, fit naître entre l'Anglais et le Persan des querelles sur la prétention réciproque que chacun d'eux émettait, d'être chef de cette ambassade. L'instrument de la zizanie fut un camérier de sa Sainteté, égyptien d'origine, qui avait été mandé, trois ou quatre ans auparavant, par le Patriarche d'Alexandrie, pour rendre obéissance au souverain Pontife ; et cet homme, ayant trouvé parmi la suite des ambassadeurs Asiatiques deux de ses compatriotes, se servit d'eux pour faire naître des questions de préséance (2).

(1) Archives des Médicis, au 48e volume de la correspondance avec les Cardinaux, lettre du cardinal Dal Monte-Sansavino au grand duc de Toscane Ferdinand 1er.

(2) Voir la lettre de l'ambassadeur Florentin Giovani Nicrolini au grand duc, datée de Rome, XI avril 1601, au 53e volume, 1re série, de la correspondance de Rome. Archives des Médicis.

Cette jalousie de l'Espagne au sujet de ses colonies, était si grande, que là où les Castillans se trouvaient les maîtres, il était défendu à tout étranger de pénétrer dans leurs Indes. Et malheur à celui qui, sans leur permission, en tentait le voyage ! il s'exposait à de terribles persécutions: car, ou bien aux termes de loi, il se voyait confisquer tout ce qu'il possédait, ou bien il devait sacrifier son gain aux fonction- naires espagnols, afin d'acheter leur silence. La cupidité de ces ministres n'avait pas tardé à rendre cette loi encore plus rigoureuse. En effet, comme le roi catholique faisait don annuellement aux membres du Conseil des Indes d'un certain nombre de passeports pour les étrangers, ces mem- bres, qui ne les vendaient pas moins que cent ducats, veil- laient à empêcher toute fraude au détriment de leurs inté- rêts personnels (1).

Aucune assertion à cet égard n'est plus solennelle que la suivante de Valerio Brignosa. « Par le dernier courrier venu d'Espagne (octobre 1607), l'on m'informe, dit-il, que Sa Majesté (Philippe III) a fait une loi, prohibant à tout étranger quel qu'il soit, de passer aux Indes. Je crains donc que l'on ne fasse des difficultés à mon fils (Ferdinand) lors- qu'il voudra s'embarquer à Lisbonne. Il lui serait par con- séquent bien essentiel d'être muni d'une lettre de Son Altesse Sérénissime (Ferdinand, grand duc de Toscane), pour le vice-roi des Etats de Portugal (alors réunis à la couronne d'Espagne), attestant que, quoique mon fils soit né à Florence, il n'est pas moins issu d'un père portugais et d'une mère portugaise, attachés au service de Son A.

____

(1) Lettere di Filippo Sassetti. Lettre au cardinal Ferdinand de Médicis, de Cochin, 10 février 1533, à la page 331. Edition de Lemonnier. Florence, 1855, 1 vol.

Sérénissime, ainsi qu'ils l'ont été par le passé, et continuent à l'être, en sorte que le vice-roi lui fasse la grâce de lui délivrer un passeport pour se rendre dans l'Inde, où il est résolu d'aller... En bonne justice, mon fils ne peut être frappé par cette loi, ou prohibition, puisqu'il conserve son origine de nationalité par son père. Néanmoins, pour plus de sûreté, il désirerait obtenir un permis exprès qui lui facilite son départ pour l'Inde (1). »

Ce n'était là qu'une tradition de la politique des Portugais, qui, par rapport à leurs établissements dans l'Inde, avaient toujours exercé la plus active surveillance pour s'opposer à ce que le commerce des épiceries échappât de leurs mains. Leurs flottes bien armées se formaient en croisière dans le golfe d'Oman, afin d'empêcher ces denrées de suivre l'un des anciens itinéraires adoptés par les Maures de Dacem, port qui appartenait à ces Maures dans l'île de Sumatra. Cet itinéraire consistait à se diriger vers l'Arabie, en s'engageant d'abord dans l'Archipel des îles Maldives ; puis à entrer dans la mer Rouge, toucher à la Mecque comme à un entrepôt, d'où l'on se rendait à Suez. De Suez les marchandises étaient transportées à Alexandrie. Les Portugais eurent même plus d'une fois en vue de s'emparer de l'île d'Aden (2) ; mais ne pouvant espérer de parvenir à une telle conquête, ils songèrent à établir une forteresse à l'entrée du détroit, de façon que, sans la permission de ces tirans des mers, aucun des navires des

(1) Voir la lettre de Valerio Brignosa au chevalier Vinta, ministre du grand duc de Toscane, au 283ᵉ volume, page 588, de la correspondance des particuliers avec le grand duc Ferdinand Iᵉʳ.

(2) Lettere di F. Sassetti, page 299, lettre à François Iᵉʳ de Médicis, grand duc de Toscane, datée de Cochin, 11 février 1585.

2

marchands Maures, venant de Dabul, de Cambay ou de
Dacen-en-Sumatra, ne pouvait franchir l'embouchure de
la mer Rouge. Si les Portugais le toléraient, ce n'était que
pour les drogues de peu de valeur, telles que les cannelles
de Ceylan, et les poivres de qualité inférieure, appelés
poivres gauri ; ou bien encore lorsqu'un vice-roi voulait
s'enrichir, ou enrichir ses créatures.

Ces persécutions mirent tellement les Maures au déses-
poir, que vers l'an 1580, on vit le commerce des poivres
suivre un nouvel itinéraire, ou plutôt reprendre celui usité
avant la découverte du cap de Bonne-Espérance, et me-
nacer ainsi les Portugais d'une ruine totale. Des caravanes
de 2,000 à 3,000 bœufs, à dos desquels on chargeait les
poivres, se mirent à remonter par terre vers le nord de
l'Inde, jusque dans la basse Tartarie, tandis que d'autres
caravanes semblables se dirigeaient pareillement à travers
les royaumes de Bengale et de Pégu, au fond de la Chine
et de ses nombreuses provinces (1).

Ce furent là les fruits du monopole des Espagnols et des
Portugais, qui, en me fournissant l'occasion d'en parler,
m'ont fait passer en revue les différents itinéraires anciens
qui reliaient le commerce de l'Asie avec celui de l'Europe.

Entravés, comme nous venons de le dire, par des calculs
ambitieux, nous voyons ces itinéraires abandonnés au
moment où la découverte de Vasco de Gama fait révolution
dans le commerce du monde ; et aussitôt que les Portugais
se furent approprié le transport exclusif des poivres, de
cette fameuse *Pimenta,* tellement disputée dans les Indes,
que non seulement les acheteurs se risquaient à la payer

____

(1) Lettres de Sassetti, page 423.

des sommes exhorbitantes, mais bravaient même le naufrage et la mort pour s'en procurer par la contrebande,
dès lors le trafic des flottes italiennes, qui avait offert au
moyen-âge le tableau d'une prospérité sans égale, entre
dans une voie rapide de décadence; mais dès lors aussi, les
Florentins, attentifs à la révolution qui s'opère, changent
leurs relations et les tournent vers Amsterdam et vers Lisbonne. La bibliothèque publique du palais *Riccardi*, la
Riccardiana de Florence, possède l'attestation de ce fait,
dans une lettre en forme de relation, adressée, vers 1500,
par le célèbre Amerigo Vespucci à Laurent, fils de Pierre-
François de Médicis, par où l'on sait qu'il suivit Vasco de
Gama aux Indes Orientales. A l'imitation de Vespucci,
nous voyons peu après plusieurs Florentins se rendre dans
l'Inde sur les navires portugais, sans doute afin de ne pas
donner un démenti au proverbe, qui disait qu'on trouve
sur toute la surface de la terre, des frères de S'-François,
des moineaux et des Florentins.

L'un de ces derniers qui mérite incontestablement une
mention particulière, est ce Filippo Sassetti, par qui le
grand duc de Toscane François Ier, et son frère Ferdinand,
alors seulement cardinal, furent tenus au courant de toutes
les particularités qui concernaient les Indes orientales, de
telle sorte que, si elles ne leur étaient pas tout à fait aussi
connues que la Perse, cependant, ils en recueillirent par
lui des notions assez étendues. Philippe Sassetti, Florentin
de noble extraction, mais se livrant au commerce comme
tous ceux de sa nation, s'était rendu à Lisbonne, en 1583,
pour des affaires de trafic. Puis enflammé par le goût des
voyages, autant que par l'appât du gain, il passa à Cochin
et à Goa sur des navires portugais. S'il n'avait été préma-
turément surpris par la mort, il s'était proposé de consa-

crer sept à huit années de son existence à visiter aussi la Chine, préférant aux douceurs du repos l'attrait, chèrement acheté par les fatigues, de voir des choses nouvelles , attrait qu'il avait ressenti plus fortement encore à la suite de son séjour aux Indes. Sassetti n'était pas un marchand ordinaire; sa jeunesse, qu'il avait passée à l'Université de Pise, en avait fait un lettré; et ses études lui permirent, durant ses pérégrinations, de se livrer à des observations fructueuses pour la science, dans toutes les branches de connaissances. Ses lettres à Francesco Valori et à Bernard Davanzati, offrent des particularités instructives pour le temps. Plusieurs d'entre elles furent adressées au grand duc François Ier de Médicis lui-même et à Ferdinand son frère; elles ont été recueillies et publiées, d'abord à Reggio en 1844 (1), puis à Florences en 1855, avec des additions (2), ce qui nous dispense d'en parler plus longuement; nous contentant de noter que rien n'a échappé à ses doctes remarques, ni les difficultés de l'étude de l'écriture chinoise, ni les différents dialectes de l'Inde, ni le sanscrit (*sanscruta*, qui signifie bien articulée), langue morte qui exigeait six ou sept années de pratique, et que les indigènes apprenaient comme nous le faisons du grec et du latin, mais sans qu'ils eussent le souvenir de l'époque où on la parlait. William Jones et les Anglais ne sont donc pas les premiers qui aient signalé le sanscrit à l'attention de l'Europe.

Ces Florentins à qui il fut permis d'aborder aux rivages de l'Inde, n'y parvinrent que par exception, et par une in-

(1) Le lettere di Philippo Sassetti sopra i suoi viaggi nelle Indie Orientali, dal 1578 al 1588, in-8°. Stamperia Torregiani e Cⁱ.

(2) Lettere edite e inedite di Philippo Sassetti raccolte e annotate dà Ettore Marcucci. (Lemonnier, format Charpentier.)

signe faveur, due, soit à leur argent, soit à de hautes protections qu'ils se ménagèrent à Lisbonne. A la même époque environ que celle du départ de Philippe Sassetti, nous voyons également faire voile vers l'Asie deux autres Florentins, l'un du nom d'Antonio Fenzi, qui entreprit deux fois, par les ordres du grand duc Ferdinand Iᵉʳ, le voyage aux Indes, en laissant d'amples relations de sa navigation, qu'il devait recommencer une troisième fois, lorsqu'il fut surpris par la mort, à la suite d'une cruelle maladie (1). L'autre explorateur qui s'appelait Carletti, partit en 1589, dans l'espoir de faire fortune, accompagné de son fils Francesco, alors âgé de vingt-cinq ans. Pendant l'espace de neuf années ils parcoururent le monde; mais en 1598, la mort frappa et arrêta à Macao, province de la Chine, le pauvre Carletti père. Son fils Francesco, cruellement affligé de cette perte, réunissant tout ce qu'il possédait de biens acquis par le commerce, songea à retourner en Europe, et s'embarqua à Goa le 23 décembre 1601. Malheureusement, ce fut en un temps où les hostilités entre hollandais et portugais, qui n'avaient guère jamais de trève, étaient des plus vives. A la hauteur de l'île de Sᵗᵉ-Hélène, la caraque *(carracca)* de Portugal, bâtiment de très grande dimension et de très fort tonnage, que les Portugais employaient au service de la navigation de leurs colonies, sur laquelle Carletti se trouvait, fut capturée dans le mois de mars 1602, par deux bâtiments néerlandais, et l'équipage, fait

---

(1) Voir aux archives des Médicis, au 281ᵉ volume, page 613, de la correspondance générale des particuliers avec le grand duc Ferdinand Iᵉʳ, le mémoire, sous la date du 6 juin 1607, présenté au chevalier Vinta, premier ministre de Ferdinand, par Clément Fenzi, fils de Girolamo et neveu d'Antonio Fenzi, demandant à être employé comme écrivain à bord d'un navire de l'Etat.

prisonnier, fut conduit à Middelbourg. Tous les objets que Carletti possédait à bord furent déclarés de bonne prise ; parmi ces objets l'on remarquait les rideaux d'un lit tout en soie, qu'il avait fait broder en Chine, aux armes du grand duc. Comment s'empêcher de plaindre l'infortune de ce jeune homme qui, après neuf années d'une vie de fatigue sur les continents les plus lointains, se voit enlever d'un seul coup, à l'instant où il touche au port et au repos, ses biens et sa liberté (1) !

En vain Carletti fit valoir devant les administrateurs de commerce des Indes-Orientales d'Amsterdam, qu'il n'était point Portugais ; mais sujet toscan, dont le souverain se trouvait en relations pacifiques avec le gouvernement hollandais ; en vain, protégé par Ferdinand Ier, il obtint du comte Maurice de Nassau des lettres d'intercession en sa faveur auprès des états-généraux des Provinces-Unies siégeant à La Haye, et auprès des députés et conseillers de l'Amirauté de Zélande (2), lettres où le prince insistait sur le motif que Carletti, passager, appartenant à une puissance neutre, ne devait point être confondu avec les Espagnols, ni impliqué dans leurs guerres et démêlés avec la nation néerlandaise. Malgré ces chaleureuses instances, le Grand-Conseil resta inflexible. Tout ce que Carletti put obtenir se borna à sa délivrance de prison ; mais, quant à ses biens, ils ne lui furent point rendus, parce qu'il se trouvait malheureusement en présence des intérêts privés de négociants qui

. (1) Voir auxdites archives, au 250e volume, page 327 de la même correspondance, la lettre de Francesco Carletti.

(2) Mêmes archives, au 292e volume, page 417, de la Correspondance générale. Voir la copie traduite du flamand en italien, de la lettre adressée par le comte Maurice de Nassau, datée du camp devant la ville de Grave, 15 septembre 1602, aux conseillers et députés de l'Amirauté de Zélande.

étaient nantis de priviléges par les Etats-généraux de Hollande afin de pouvoir trafiquer en Espagne et dans l'Inde. On avait simplement, pour formalité de justice, dressé un inventaire de toutes ses marchandises, ce qui n'avait point pourtant empêché les commissaires, suivant la fâcheuse réputation qu'ils en avaient, de s'arranger entre eux à qui volerait davantage. Ceux qui donnaient à Carletti les meilleures paroles qu'ils ne seraient pas contre lui, étaient précisément ceux qui lui faisaient obstacle, et employaient sans aucun respect humain, toutes les voies, afin que les marchandises restassent confisquées. Voyez quelle race de gens est cette nation zélandaise! s'écrie notre voyageur (1). Il n'eut d'autre consolation que le bon accueil du comte de Nassau, qu'il alla trouver le 13 septembre 1602, au camp devant la ville de Grave, forçant les postes avancés, bravant la peste, supportant quinze jours de souffrances telles que jamais il n'en avait essuyées de pareilles durant ses longs voyages, dont le prince écouta attentivement le récit, émerveillé et touché de compassion pour ses périlleuses entreprises.

Des faits semblables, préjudiciables au commerce florentin, alors bien déchu du rang qu'il occupait jadis, se renouvelèrent plus d'une fois. Car en 1604, un autre grand navire portugais venant de Macao, chargé de marchandises appartenant à Orazio Neretti et à Francesco Capponi, fut pareillement capturé en mer, dans le détroit de Malacca, par deux vaisseaux hollandais, et amené dans le port d'Amsterdam. Cette fois encore, aucune démarche ni réclamation ne réussirent à faire restituer les marchandises à leurs pro-

(1) Mêmes archives, même correspondance, même volume, voyez à la page 419, la lettre de Francesco Carletti, datée de Middelbourg, 23 septembre 1602, adressée à Giovanni Macinghi, à Florence.

priétaires, car les administrateurs du commerce des Indes-Orientales de Hollande, les ayant, par un de leurs arrêts, déclarées régulièrement saisies, conclurent à l'impossibilité de revenir sur la chose jugée, tant pour maintenir les droits de la République, que ceux acquis par les particuliers, en conséquence de sa décision (1).

Carletti, Neretti, Capponi, ne furent que les victimes de représailles, dans une rivalité maritime où deux peuples navigateurs se disputaient le monopole de la route de l'Inde. Non seulement le systême prohibitif adopté par les Portugais fermait cette route aux étrangers, en tant qu'individus, mais il ne cessait aussi d'en exclure le commerce des autres nations. Les Portugais auraient exterminé, s'ils l'avaient pu, les Hollandais, leurs principaux concurrents dans les mers de l'Asie. En 1608, par exemple, la presqu'île de Malacca, point important occupé par les forces Néerlandaises, fut ensanglantée par la victoire que l'armée navale des Portugais remporta sur les premières, avec l'assistance de renforts indigènes tirés de l'Inde. Succès éclatant, mais acheté au prix de pertes considérables (2).

Pour apprécier ce qu'il y avait de courage à tenter, dans ce temps là, un voyage aux Indes ou en Chine, il faut se faire une idée exacte, non seulement des obstacles que les gouvernements Espagnol et Hollandais opposaient à tout étranger, mais encore des souffrances, des privations, des

____

(1) Voir aux archives, et correspondance précitée, le 266e volume, page 69, lettre en latin d'Arnould Grotenhunsium et de ses collègues, administrateurs du commerce des Indes-Orientales de Hollande.

(2) Ibidem. au 288e volume, page 571, la lettre de G. Sanss à Orazio Assolini de Mantoue, datée de Bruxelles, 3 mai 1603.

malaises, principalement du scorbut que subissaient, durant cette longue traversée, les émigrants européens, la plupart pris dans la classe la plus infime de Lisbonne, devenant un objet de spéculation pour les armateurs ; de telle sorte, que sur deux mille cinq cents à trois mille hommes et enfants qui partaient annuellement, on en jetait à la mer le quart, le tiers, et souvent la moitié (1).

En avril, tous les navires quittaient le port de Goa, d'une part pour se rendre au Bengale, à Malacca, à Molucco, et en Chine, d'où ils revenaient chargés de toutes les choses qu'on peut imaginer, excepté d'épiceries. Mais des Moluques ils rapportaient le girofle, de Banda les noix muscades, de Cambaia l'indigo et les toiles, du Pégu les rubis. D'autre part, cinq navires, chaque année, retournaient en Europe, remplis de ces richesses, auxquelles il faut ajouter le poivre, le seul produit qui vint de l'Inde même.

La carte ancienne de l'Indoustan et de l'Indo-Chine serait presque méconnaissable auprès de celle d'aujourd'hui, du moins en ce qui concerne certains noms de villes, de ports, de provinces, et leur étendue, leur prospérité, par suite des transformations continuelles que subissaient les monarchies Indiennes, livrées entre elles aux guerres sanglantes de leurs chefs conquérants, et par suite de la perte que certaines localités ont faite de leur importance commerciale. Quant les Portugais posèrent pour la première fois le pied sur cette plage, ce fut à Cochin dont le roi les accueillit hospitalièrement, en leur accordant un port, des terrains, des priviléges, et en ouvrant avec eux de pacifiques relations de commerce. Cochin n'était encore en 1580

____

(1) Lettere di Sassetti, page 278.

qu'une vaste agglomération de huttes, non loin desquelles
les Portugais ne tardèrent pas, pour leur sureté, à ériger
un fort. Quoique leur négoce y prît assez de développement, néanmoins l'escale n'en fut pas considérable, parce
que bientôt ces navigateurs donnèrent la préférence à un
autre point du littoral situé à cent lieues de Cochin, point
entouré par la mer, nommé Goa, dont ils firent leur métro-
pole, la résidence de leur vice-roi, le siége de leur tribu-
naux et le centre de leur trafic. C'est de Goa, qu'en suivant
les sinuosités de la presqu'île de l'Inde, on arrivait à Cali-
cut, ville sans port, mais très souvent mentionnée dans les
relations de voyage de cette époque, capitale du roi Zamo-
rin, qui, sous le titre d'Empereur, prétendait à la domination de toute la côte du Malabar. Après avoir doublé le
cap, on rencontrait Zeilon (Ceylan), autre conquête des Portugais, protégée au sud-ouest de l'île par le fort Colombo.
En remontant sur la côte de Coromandel, on arrivait à Mai-
lepur, ville à demi-ruinée, non loin de laquelle les Portugais en bâtirent une autre qu'ils nommèrent San
Thomé, prétendant que Saint-Thomas y avait prêché le
christianisme, dont ils assuraient avoir retrouvé des traces
dans cette ville (aujourd'hui Méliapour). Sur la côte orientale du golfe de Bengale, près de l'empire des Birmans,
s'offrait le royaume de Pégu, terre des plus gros rubis,
dont le souverain pouvait mettre en campagne plusieurs
centaines de mille de guerriers. En traversant le détroit
de la pointe et presqu'île de Malacca, on laissait au cou-
chant l'île de Sumatra, que les Portugais avaient également
conquise, bien que les Maures qui y possédaient le port
de Dacem sur la côte nord-est, leur en disputassent la domination. En doublant la pointe de Malacca, on entrait
dans le golfe de Siam, ainsi appelé du nom de la ville très

considérable placée au fond de ce golfe (à côté de Bangkok) ;
la vaste contrée qui, s'avançant dans les eaux, sépare le
golfe de Siam de la mer de la Chine, formait le royaume
de Cambaia ou Camboja (Camboge) immense pays dont le
grand Mogor (le grand Mogol) descendant de Tamburlano
(Tamerlan) avait chassé le roi. Il est continuellement question, dans les anciennes relations de voyage, de cette contrée
abondante en productions mercantiles. De nos jours, elle
est plus connue par la place qu'y occupe Saigong, nom
devenu familier à nos oreilles. Les Portugais faisaient de
nombreuses affaires dans le Camboja ; mais la chûte de son
souverain entraîna du même coup la splendeur de leur
commerce, qui cessa dans ces parages. Il faut se garder
néanmoins de confondre ce royaume de Cambaia avec la
ville du même nom, située entre Surate et Diù, au fond
du golfe de Cambay, où les Portugais avaient également
un centre d'affaires très actives. Cette ville de Cambay est
à 15 lieues de Surate. En se repliant vers l'est, après un
trajet de cent lieues, on trouvait un autre grand golfe
(probablement celui du Tongkin) formant un rivage où com-
mençait la terre de la Cochinchine, s'étendant jusqu'au
cap Lian-Pu, qui appartient à la Chine, laquelle se termine, Dieu sait où ! ajoute Sassetti (1).

Il n'est que trop vrai ! à cette époque, les notions géographiques sur l'Asie, ne s'étendaient guère au-delà de
Canton. Plus loin, c'est-à-dire vers l'extrême Orient, ces
notions devenaient rares, confuses, enveloppées de ténè-
bres. Un seul vaisseau portugais venait annuellement de
la Chine, s'il faut en croire Sassetti, pour aborder à Goa.

____

(1) Lettere di Sassetti, page 329.

« Non venne l'anno passato la Nave della Cina (1) » Le
Florentin Corsali qui, en 1515 et 1517, avait poussé sa
course jusqu'à Malacca, fait mention de la Chine, mais en
ajoutant qu'on n'y peut pénétrer. Le Portugais Odoardo
Barbosa, dans son voyage de l'an 1516 jusqu'à Bornéo,
parle aussi de la Chine, déclarant toutefois qu'il n'a recueilli sur cette contrée que peu de renseignements; et
Pigafetta, chevalier de Rhodes, qui en 1519, vint également à Bornéo, lorsqu'il entre dans quelques particularités
sur l'empire Chinois, se hâte de dire qu'il les tient d'un
Maure qu'il a rencontré. Il n'a rien vu par ses propres
yeux. En cela, les diverses relations du temps concordent
entre elles; c'est toujours au récit de quelque Maure (de
quelque Malais, de quelque indigène), qu'il a fallu s'en rapporter (2). « Je veux aller jusque dans le céleste empire, écrit
Sassetti, pour m'assurer par moi-même de ce qui en est,
avec plus de fondement que ce qu'on en peut apprendre par
les relations qu'en ont données d'autres qui y sont allés (3). »
Pietro Grifo de Pise déclare en effet que toutes les mer-
veilles que l'on en racontait étaient de véritables impos-
tures, d'autant plus que la conduite impolitique des Portugais les ayant fait chasser du port de Cantao (Canton), les
différentes versions qu'on en tirait étaient dépourvues
d'authenticité (4). Ramusio annonce bien aux lecteurs, vers
1550, que Jean de Barros, Portugais, qui a donné une

(1) Ibidem., page 380.
(2) Delle navigazioni et Viaggi raccolte da M. Giovan Batista Ramusio.
5e éditio. Venetia. Stamperia dei Giunti, 1613. 3 volumes in-fo.
(3) Lettere di Sassetti, page 380.
(4) Lettere di Sassetti. Citation de M. Marcucci qui renvoye aux famiglie
Pisane di Roncioni, annotate dal Bonaini, archivio storico Italiano. T. VI,
parte 2a sezione 2a.

description de l'Asie, promet avant peu de publier un livre
de cartes de géographie sur la Chine, imprimées dans cette
province même, et qu'un Chinois son esclave l'a aidé à
traduire et à mettre en ordre (1). Mais ces précieuses cartes,
que sont-elles devenues? Le premier écrit qui donna à
l'Europe des notions exactes et complètes sur la Chine, sur
la situation, les produits, les mœurs, les lois, le gouver-
ment et la religion de ce lointain pays, dit notre savant
collègue M. l'abbé Dehaisnes dans un très intéressant ouvrage récemment publié par lui (2), est celui du Père Trigault, *de christianâ expeditione apud sinas susceptâ ab so-
cietate Jesu, ex P. Matthæi Riccii, ejusdem societatis com-
mentariis libri V.* Mais cet écrit du docte Missionnaire
ne fut édité pour la première fois qu'en 1615, à Augsbourg.
Jusqu'à cette date, on ne possédait que les lettres annuelles
de rebus Japonicis ou *de rebus Sinensis* que les jésuites
envoyaient en Europe. Nous donnerons ci-après une liste par-
tielle de celles qui furent imprimées par les libraires contemporains, à Venise et à Rome. Outre cela, nous invitons instamment le lecteur à consulter, et ce sera avec beaucoup de
fruit, plusieurs lettres du même genre écrites par le P. Trigault ; les exemplaires qui étaient devenus d'une excessive
rareté, ou les lettres qui étaient restées inédites ont été
heureusement retrouvés et mis en lumière par M. l'abbé
Dehaisnes, et insérés dans la vie du célèbre missionnaire.
On comprend toutefois, que ces religieux, voués tout en-
tiers à la conversion des infidèles, ne s'attachassent pas tou-

(1) Voir Ramusio.

(2) Vie du Père Nicolas Trigault, de la Compagnie de Jésus, par l'abbé
C. Dehaisnes, conservateur des archives de Douai, Paris, Leipzig et Tournai,
1864, 1 vol. in-18.

jours aux descriptions ethnographiques, et qu'ils entretiennent principalement les chrétiens de l'Europe des succès et des résultats de leurs missions, bien qu'il y eût parmi ces pères d'estimables savants. Rien ne démontre mieux l'unique préoccupation de ces hommes évangéliques, que le fait suivant : voulant donner une preuve de leurs travaux, et produire une grande sensation, ils ramenèrent dans l'ancien monde une ambassade de Japonais dont l'origine princière parait un peu suspecte ; ce n'est pas leur nationalité que nous révoquons en doute, mais leur qualité de neveux de l'empereur du Japon. Les jésuites les présentèrent successivement à la cour de Philippe II, à celle du Pape Grégoire XIII, et à celle du grand duc de Toscane, François Ier de Médicis (1). C'étaient quatre jeunes gens Indo-Japonais, dont le plus âgé avait à peine dix-huit ans ; ils étaient partis de leur pays natal le 11 janvier 1582, et parurent à Florence le 8 mars 1584, après deux ans et deux mois de voyage. Ito (Don Marcio) se disait neveu du roi de Fiunga ; Chiu-Giva (Don Michel), cousin du roi d'Arima et neveu du roi Barthélemi ; Fara, (Don Martino) et Macaura (Don Julien), s'intitulaient princes du sang du royaume de Figen. Leurs présents ne révélaient guère, non plus que leurs personnes, le luxe et la magnificence de rejetons de souverains asiatiques. Ils offrirent au grand duc un encrier en bois noir très lustré et très odoriférant, ainsi qu'un autre morceau du même bois ; des feuilles d'un papier fabriqué avec une écorce d'arbre, et sur l'une desquelles étaient écrits, en leur langue, les noms de Dieu et de Marie ; deux autres feuilles de papier faites avec un roseau, d'une telle ténuité,

_____

(1) Voir le Diario manuscrit ou mémoires du Cavaliere Settimani, aux archives de Florence.

qu'il était difficile d'imaginer comment on pouvait écrire
dessus ; des habits à la mode de leur pays ; un cocon de soie,
gros comme la tête d'un homme ; et enfin deux ou trois
pierres qui enlevaient la barbe comme des rasoirs, laquelle,
d'après ce qu'assuraient ces Japonais, ne revenait plus sur
la peau, là où on les avait passées. Il faut en convenir, rien
n'était moins royal que ces présents, mais il importait de
persuader que le flambeau de la foi catholique avait pénétré dans ces régions reculées, et que leurs monarques eux-
mêmes envoyaient faire acte de soumission orthodoxe aux
pieds du chef de l'Eglise romaine.

Notre présomption semble se trouver confirmée par un
fait analogue rapporté dans *la morale pratique des jésuites,* t. II, page 105 (1). « Insigne fourberie des jésuites,
qui, du temps d'Innocent X, l'an 1652, voulurent faire
passer un Chinois qui avait servi les Dominicains, et qu'un
jésuite amenait avec lui, pour le fils de l'empereur de la
Chine, qu'ils disaient que cet empereur envoyait à Rome
pour rendre obéissance au Pape. » Quant à nous, nous
ne qualifierons ce fait que du nom de pieuse fraude, dont
ces hommes courageux se servirent afin de réchauffer le
zèle de la société Européenne en faveur de leur pénible
entreprise, en mettant sous ses yeux un témoignage vivant
du succès de leur œuvre, et afin de parvenir ainsi à recueillir des secours qui les aidassent à bâtir leurs églises.

A ceux qui voudraient, qu'en leurs lettres, les missionnaires se fussent moins renfermés dans la relation des résultats de leur rôle apostolique, pour emprunter plus
fréquemment la plume descriptive du voyageur profane,

_____

(1) T. II, page 105, — 1re partie, § XVIII. — Sans nom de lieu ni d'imprimeur. 1682. In-12.

nous ferons observer qu'il convient de ne pas oublier qu'il est possible que cette réserve provînt de certains ménagements nécessaires à garder avec les cours d'Espagne et de Portugal, lesquelles, ainsi que nous l'avons remarqué, se souciaient peu qu'on répandit trop de lumières sur leurs colonies, les souverains par un sentiment de monopole et de cupidité, les vice-rois, dans le but de cacher leurs tyrannies et leurs exactions.

Quoiqu'il en soit, en 1585, Giolito imprimait à Venise la lettre annuelle apportée récemment du Japon par les ambassadeurs, sur les choses advenues dans ce pays durant l'année 1582.—*Lettera annuale portata di nuovo dal Giappone dai signori ambasciatori, per le cose ivi successe l'anno 1582* (1). Par ambassadeurs, l'éditeur entendait désigner les jeunes indigènes dont nous avons fait mention. En 1586, le même Giolito publiait les nouveaux avis venus du Japon, avec quelques autres de la Chine, pour les années 1583 et 1584, tirés des lettres de la Compagnie de Jésus, reçues en décembre 1585. — *Nuovi avvisi del Giappone, con alcuni altri della China, del 1583 et 1584, cavati dalle lettere della Compagnia di Gesù, ricevute nel dicembre 1585.* — En 1588, il faisait paraître le récit d'un mémorable naufrage, tiré d'une lettre écrite de Goa au général de la Compagnie de Jésus, par le Père Martinez, le 9 décembre 1586 : *Ragguaglio d'un notabilissimo naufragio, cavato da una lettera del P. Martinez, scritta al generale della Compagnia di Giesù, alli 9 di dicembre 1586.* Plusieurs autres de ces publications ont échappé à nos recherches, mais sans nul doute, elles continuèrent à paraître régulièrement, puisque

______

(1) Cet opuscule et les suivants sont de format in-8°.

nous voyons l'imprimeur Zannetti de Rome, mettre au jour en 1608, les trois lettres annuelles du Japon, pour les années 1603, 1604 et 1605, envoyées par le P. Pasio à C. Acquaviva, général de la Compagnie de Jésus. — Et la lettre du Japon pour l'année 1606, envoyée par Jean Rodriguez à Claude Acquaviva, ensemble la lettre annuelle de la Chine pour les années 1606 et 1607, adressée par Matteo Ricci. — *Le tre lettere annue del Giappone, degli anni 1603, 1604 e 1605, mandate al generale della Compagnia di Gesù, C. Acquaviva, da Pasio P. F.* — Et en 1610, *la lettera del Giappone dell'anno 1606, mandata da Giovanni Rodriguez a Claudio Acquaviva, et la lettera annua della Cina, del 1606 e 1607, mandata da Matteo Ricci.* Nous mentionnerons encore, sous la date de 1604, les nouvelles parvenues au Père Possevino, jésuite, qui s'en réjouit en les transmettant au grand duc Ferdinand Ier, auquel il mande « qu'hier, par les dernières lettres de la Chine, il a reçu l'avis entre plusieurs autres, que divers Pères de sa Compagnie avaient pénétré dans ce grand royaume, et que dans la ville principale qu'on nomme Pachino (Pékin), l'un d'eux appelé Ricci, attendait ses lettres-patentes, afin de pouvoir annoncer l'Evangile dans toute l'étendue de la Chine. Le Père Ricci ayant offert à la reine de ce pays une image de la bienheureuse Vierge, de celles exécutées d'après le portrait peint par St-Luc, cette princesse l'avait fait suspendre dans la grande salle de sa royale demeure, et toutes les fois qu'elle passait devant elle, ne manquait pas de s'incliner, ordonnant en outre que chaque jour, en signe de vénération, on répandit devant la sainte image plusieurs parfums exquis (1). Cette époque fut une des plus

(1) Voir aux archives des Médicis. Correspondance générale des particuliers avec Ferdinand Ier, le 261e volume, à la page 208, la lettre d'Antoine Possevino au grand-duc, datée de Venise, 16 janvier 1604.

prospères pour les missionnaires européens. En l'année
1607, Frère Félix Bargellini, des minimes de l'Observance,
et son compagnon le Père Jean-Baptiste de Pésaro, carme
déchaussé, faisaient retour du Céleste-Empire (1).

A ceux qui seraient curieux de consulter d'autres ouvrages relatifs à ces contrées, et publiés vers la même époque
de la fin du XVI⁰ siècle, et du commencement du XVII⁰,
nous indiquerons encore les décades de Joân de Barros,
imprimées les unes à Lisbonne, les autres à Madrid. Jean
de Barros, géographe exact, mourut en 1616. Les lettres
du Père François Xavier, datées de 1549, de Cangoxina
au Giapan (le Japon) sur cette contrée nouvellement découverte ; enfin les écrits en langue française d'André Tevet,
qui rédigea une histoire des Indes, où il fut envoyé en
exploration, par ordre de son roi. Nous prendrons encore
plaisir à citer le nom d'un autre français, émule de Tevet
comme voyageur, mais qui malheureusement n'a pas laissé,
du moins que nous sachions, de relation écrite de *ses aventures* (ainsi qu'on disait alors). Ce voyageur, ce fut le sieur
de Malherbe. Nous reproduisons en entier et textuelle-
ment le document qui le concerne, d'autant plus volontiers
que l'original est écrit dans notre langue.

(Sans adresse au dos de la lettre.)

(Lettre adressée à Christine de Lorraine, grande du-
chesse-mère, grande duchesse de Toscane.)

Madame,

« La très humble, très fidelle et antianne servitude que

______

(1) Mêmes archives, même correspondance. Voyez à la page 575 du 279⁰
volume, la lettre de frère Félix Bargellini au chevalier Vinta, datée du couvent de l'Annonciade de Bologne, du 10 février 1608,

j'ay vouée dès mes premiers ans à feu Monseigneur le grand
duc Ferdinand, ... m'ont tellement obligé à son service
et au vostre, que je n'ay aultre ambition au monde, que
d'en rendre les effetz non condignes à sa grandeur, et de
Votre Altesse...... Pour quoy à parvenir, je vous proteste,
Madame, que j'en chercheray tous les moïens en quelque
part que je me trouveray, et n'en laisseray perdre une
seulle occasion, comme en cette-cy qui se présente, par le
moïen d'ung gentilhomme de Bretagne nommé Monsieur
de Malerbe, de très bonne et illustre maison, et bien appa-
rente de personnages d'honneur et qualifiés ; lequel, ayant
voïagé l'espace de 20 ans en toutes les parties des Indes-
Orientales et Occidentales, et coste de la Chine, il les a tellement recongneues, qu'il a moïen de rendre de grandz et
signalés services à un prince tel qu'est Monseigneur le
grand duc vostre filz, et le rendre redoutable à toutes les
nations du monde, comme estoit feu mondit seigneur le
grand duc son père, par les advis, moïens et industrie que
luy donnera ledict sieur de Malherbe, pour faire de si
grandes et notables prises d'excessive richesse et valleur,
ausdites costes de la Chine, et païs incongneuz, sur personnes idolattres, et non subiectz ny des Indes d'Espagne, ny
de Portugal, en gens sans deffences, qu'il ne s'en est jamais faict de semblables. A cause de quoy, Son Altesse
peult en touste seuretté et sans aulcun contredit, leur faire
une guerre qui luy sera très utile et louable. Ceste occasion m'a semblé, Madame, estre digne de vous faire entendre, pour les occasions susdites, et d'aultant plus quand
j'ay trouvé ledit sieur de Malherbe fort affectionné au service de mondict seigneur le grand duc vostre filz, et de
VostreAltesse, et disposé de les aller trouver en personne,
si tant est qu'aïez son service agréable ; où à bouche, il

vous représentera mieux au vif, l'importance et grandeur de tel affaire. Vous advisant au surplus, Madame, que c'est l'homme du monde le plus expérimenté, et qui a le plus de congnoissance aux costes d'Orient et d'Occident; et qu'il n'y a aujourd'huy homme en toute l'Europe qui aye veu, ny qui sache tant des affaires de ce païs-là, que luy. Bref, le Drac, ny le capitaine Candiz, anglois, qui ont esté tenuz pour les plus grands hommes de nostre temps, en semblables voïages, n'ont jamais eu tant de congnoissance ny d'accez en ses païs-là, comme luy. Ce qui servira d'advis à Vostre Altesse, pour s'en prévaloir et servir en occasion. »

« Bien vous dirès-je aussi, Madame, que je sçay bien que si telle occasion ce fut présentée d'une telle personne à feu Monseigneur le grand duc Ferdinand, il l'eust voulu avoir en quelque sorte que ce fust esté, pour bonnes et justes causes, d'aultant qu'ung grand prince n'en peult espérer que de très bons, très signalés et importants services. »

« Je me suis trouvé avec luy en la ville de Malaga en Espagne, où par discours et conversation, avons parlé des choses susdictes ; et l'ayant recongneu pour plus grand personnage de ce que je ne suis capable de vous escrire, et fort affectionné au service de V. A., et de Monseigneur vostre filz, il m'a semblé, à propos de luy en donner advis ; et que ne faisant, je ferois une très grande faulte, et manquerois à mon debvoir et à tant d'obligacions que j'ay à V. A. ; laquelle je suplie très humblement recevoir le tout en bonne part, et comme d'une personne qui ne désire rien tant au monde, que de luy rendre toutes sortes de services. »

« Je m'estoys délibéré aller trouver Vostre Altesse à
Florence, pour cest effet, mais une grande maladie qui
m'est survenue à Palamos, de laquelle j'ay pensé mourir,
et la commodité du passage que j'ay trouvée pour venir
trouver Monsieur le duc d'Ossuna en ceste ville de Palerme,
vers lequel je suis expédié, m'ont empesché le bonheur
que je me prométois d'aller en personne représenter le tout
à Vostre Altesse, et luy raffraichir la mémoire du plus humble et fidelle serviteur qu'elle ait au monde...... »

De Palerme, ce premier juillet 1615.

V^{re} très humble , très obéissant et
très fidelle serviteur
REGNAULT (1).

Il n'est guère besoin de démontrer à quel point il ressort
de cette lettre, que Ferdinand et les Médicis jouissaient
alors d'une immense réputation à titre de promoteurs des
voyages de découvertes, accordant un patronage éclairé
aux expéditions maritimes de long cours, puisque nous
voyons plusieurs navigateurs venir leur offrir la conquête
des colonies asiatiques et africaines, comme nous l'expose-
rons ci-après ; et jusqu'à des Français tourner leurs regards
vers eux plutôt que vers leur prince naturel.

Ces propositions de Regnault et de Malherbes seront
probablement restées sans résultat. Côme II était d'une
santé fort débile, qui le tenait éloigné des affaires : et sa
mère, Christine de Lorraine, qui gouvernait en son nom,
quoique femme d'un esprit élévé, avait cet esprit trop sage,

______

(1) Archives des Médicis. Correspondance de Christine de Lorraine, grande
duchesse de Toscane, 1er volume, page 621, lettre de Regnault à la grande-
duchesse mère.

pour songer aux conquêtes avec un fils malade, et pour étendre son ambition au-delà de la bonne administration de son petit Etat. Le temps des grandes choses était passé pour les Médicis; mais assurément de telles propositions eussent tenté le père de Côme II, Ferdinand Ier, l'époux de Christine, ainsi que nous allons en donner la preuve par le récit d'autres projets d'agrandissement qui germèrent dans sa tête, et qu'il fut bien près de mettre en exécution. Nous espérons que les documents inédits sur lesquels nous nous appuyons, ne déplairont pas traduits en français, afin de mieux les fondre dans notre texte, quoique nous devions prévenir le lecteur que les originaux sont en langue italienne.

Ferdinand Ier, qui s'était démis du chapeau de cardinal pour préférer à ce chapeau la couronne du grand duché de Toscane, après la mort de François Ier son frère, possédait une supériorité de vues politiques qui avait manqué à ce dernier, un peu trop livré à la mollesse, au luxe et à la volupté. La grande âme de Ferdinand se révèle au contraire par de grands desseins. Vers 1572, lorsqu'il n'est encore revêtu que de la pourpre romaine, Grégoire XIII lui confère le titre de protecteur des patriarcats d'Alexandrie, d'Antioche et du royaume d'Ethiopie. Le lecteur n'ignore pas que le chef de l'église catholique, divisant le monde en provinces, plaçait chacune d'elles sous la protection d'un cardinal, à l'instar de cet usage de l'ancienne Rome, où les sénateurs se partageaient le patronage des diverses nations conquises. Le cardinal de Médicis inaugura avec magnificence la dignité dont il était investi, en créant, à ses frais, l'imprimerie des langues orientales. Nous parlerons tout à l'heure de cette immortelle fondation où il puisa cette vive inclination qu'il conserva toute sa vie pour les choses de l'Asie, et des continents à peine connus à cette époque.

Ce penchant pour les découvertes géographiques, nous en avons la preuve dans cette seconde lettre qu'il adresse au cardinal Dal Monte-Sansavino (1). « Votre I^llme seigneurie sait le plaisir que je prends à recevoir des nouvelles des choses de ce monde, et particulièrement des pays maritimes. Ayant donc quelquefois entendu discourir d'une province d'Afrique située sur l'Océan Atlantique, un peu au-dessous du Cap-Vert, appelée Serra-Léona, qui fut donnée par le roi d'Espagne, il y a peu d'années, à Pedro Alvarez Péréra, son secrétaire pour les affaires de Portugal, j'aurais un grand désir de m'en procurer une relation, la plus détaillée qu'il soit possible. Et comme je sais que les jésuites sont allés plusieurs fois dans cette province, il est vraisemblable que quelqu'un d'entre eux en aura fait des récits. Peut-être même se trouve-t-il aujourd'hui à Rome l'un de ces pères qui en soit revenu, et en raconte les particularités avec exactitude. Je prie donc Votre I^llme seigneurie d'en parler à leur général, afin d'être renseignée par lui de quelle manière et de qui l'on peut obtenir les informations que je souhaite. Si par hasard il en existait des volumes imprimés ou des descriptions manuscrites, je serais enchanté d'en avoir une copie, ou de pouvoir les consulter par un moyen quelconque. Je baise la main de Votre I^llme seigneurie. »

Les renseignements demandés furent recueillis au complet. Outre ceux que fournit une petite relation imprimée

(1) Cette lettre inédite se trouve dans le 49e volume des minutes de la correspondance des grands-ducs de Toscane avec les cardinaux. Archives des Médicis, à Florence.

par ceux des pères jésuites qui, pour travailler à la conversion des infidèles, avaient parcouru la Sierra-Léona, Ferdinand en obtint d'autres encore, qui lui apprirent que Don Pedro Alvarez de Péreyra la tenait en fief de la couronne d'Espagne, à la condition que ses gouverneurs et ses commandants resteraient à la nomination du roi ; que la colonie ne pourrait être peuplée que par des hommes d'origine portugaise ; et que les marchandises, tant celles qu'on y exporterait que celles qu'on y importerait, devraient toutes payer la taxe dans le port de Lisbonne, seul port d'où il fut permis d'expédier des cargaisons à la côte africaine, comme aussi de les en faire venir. Quant aux productions de cette province située sous la même latitude que le Brésil, elles consistaient en une grande abondance d'ivoire, en d'énormes quantités de poivre long, de cotons, de sucres, de bois précieux semblables à ceux de Fernambouc ; et quoiqu'à l'égard des métaux, il régnât de l'incertitude sur leur existence, cependant l'opinion vulgaire voulait que le sol renfermât des richesses métallurgiques, même en or et en argent. Huit chefs de tribus se partageaient ce pays, qui comptait 400 milles de littoral (1), et un grand nombre de fleuves que l'on croyait navigables (2).

Ce document nous paraît avoir sa valeur, en ce que l'on peut apprécier par analogie le régime que l'Espagne appliquait à ses autres colonies, et dont l'esprit étroit dépeint parfaitement la politique de restriction et d'entraves qui présidait aux conseils du cabinet de Philippe II, politique

---

(1) S'il s'agit de milles italiens, ce serait environ 532 kilomètres.

(2) Voir le 300⁰ volume de la correspondance universelle des particuliers avec les grands-ducs de Toscane, aux pages 302, 363, 364 et 412. Archives des Médicis.

si opposée au développement de ses possessions d'outre-mer, et aux saines doctrines de l'économie sociale, dont, il est vrai, ni le nom, ni la science n'étaient connus alors.

Isaac Lus, un juif hollandais établi à Livourne, ajoute aux précédents renseignements ceux qui vont suivre, sur la demande faite par le grand duc Ferdinand, de *quel était le nombre de navires, qui, des ports de Hollande et de Zélande, se rendaient chaque année au Cap-Vert?* — Il répond que le nombre s'en élève de six à huit, lesquels, pour la plupart, rapportent en Europe une cargaison de cuirs, de dents d'éléphant, et la maniguette (1) qui est une espèce de poivre bien connue. (C'était la graine du canang aromatique, appelée encore vulgairement par les droguistes : poivre d'Ethiopie.) Isaac Lus ajoute que vingt à vingt-cinq gros bâtiments explorent annuellement les autres côtes de Guinée, et reviennent chargés d'or, de cuirs, d'ivoire, de ce poivre fin nommé maniguette, de plusieurs sortes d'excellentes gommes, de diverses drogues, d'ambre gris, et de quelques autres menues choses. Quant à Angola, il y va peu de vaisseaux ; et, quoiqu'ils en rapportent un peu d'or, leur véritable trafic consiste à acheter des esclaves et des nègres, qu'ils revendent ensuite à gros bénéfices au Brésil et aux Indes de la Nouvelle-Espagne, mais en plus grande quantité au Brésil. Ces côtes, observe le juif hollandais, sont toutes de terre ferme, ainsi que l'est le Cap-Vert, dans cette portion de l'Afrique fréquentée par le commerce des provinces unies. Il cite également les îles du Prince, dont s'emparèrent autrefois Moucheron et Saint-Omer. Ces îles sont très peu souvent visitées par les navires, et l'on n'en tire que du sucre brun.

(1) Maginetta.

Dans cette description est compris tout le négoce que la Hollande fait sur les côtes de Guinée qui s'étendent depuis le Cap-Vert jusqu'à celui de Bonne-Espérance; mais le plus grand nombre d'affaires a lieu en deçà de la ligne équinoxiale. Aujourd'hui (Isaac Lus parle de 1608, et ces renseignements, élémentaires pour notre époque, serviront à constater l'état des connaissances géographiques de son temps, ainsi que leur exactitude), aujourd'hui, dit notre narrateur, leurs seigneuries les Etats ont formé toute une seule compagnie, et par an il se rendra au Cap-Vert trente grands vaisseaux en tout, sans compter dix bâtiments de guerre de haut bord qui y stationnent pour la sécurité du commerce , quoique les navires marchands eux-mêmes soient armés autant que les bâtiments de guerre. L'activité des transactions embrasse principalement l'or et les dents d'éléphant. Quant aux cuirs, ils sont tellement surabondants, qu'on n'a autre chose à faire que d'abattre le bétail et sécher ses dépouilles. De Hollande, on y exporte en bonne quantité des toileries de tous genres sorties des manufactures de ce pays, fabriquées au goût et à l'usage des peuplades africaines, outre quelques autres objets. Tous les navires dont il vient d'être question rentrent toujours en Europe en ligne directe; et rarement durant leur voyage de retour, ils s'écartent de leur itinéraire, pour toucher aux Indes de la Nouvelle-Espagne. Isaac Lus s'offre, si Ferdinand Ier le désire, à entrer dans de plus amples détails, qu'à notre grand regret il n'a pas fournis. Les particularités ci-dessus n'étant, dit-il, qu'un aperçu de la manière dont le trafic se fait avec ces contrées, lorsqu'on y est versé, l'on réussit, et beaucoup de gens s'en sont loués; mais il faut être très au fait de la nature des marchandises qu'il convient de porter, et de la façon de négocier (1).

Révélons maintenant le motif secret des questions adressées par Ferdinand Ier. Le secrétaire Pereyra, comblé par par la munificence de son souverain, était resté fort embarrassé du présent de cette vaste conquête des Portugais, dont eux-mêmes n'avaient jamais recueilli aucune utilité. Il fallait des capitaux considérables, des flottes, des colons, et l'œuvre du temps, pour implanter le commerce sur ces côtes sauvages, ressources qu'un particulier tel que Pereyra ne possédait pas. En conséquence, il pensa que s'il parvenait à tirer quelques millions de ce don par trop royal, ce serait la meilleure opération qu'il pût faire à l'aide de son fief. Se trouvant avoir son propre frère, Don Francesco Pereyra, dans le couvent des Augustins, à Pérouse, il le chargea en 1606 d'insinuer au prince Toscan, que l'acquisition de ce grand pays lui serait avantageuse, à l'imitation des autres monarques ses contemporains, qui avaient tous sous l'équateur des provinces d'où ils tiraient des masses d'or et de denrées exotiques. Cette proposition sourit à Ferdinand, qui n'entrevoyait du reste aucun autre moyen d'agrandir ses Etats, ni d'étendre leur commerce, ni de développer la prospérité de sa marine. Les négociations furent donc entamées tant pour avoir l'acquiescement de Sa Majesté Catholique, que pour traiter avec son secrétaire des conditions de la vente ; et le chevalier Andrea Ximènes de Lisbonne, frère d'Emmanuel Ximènes, créature du grand duc, avait déjà mené les choses à bonne fin, lorsque ce prince fut frappé par la mort (2).

(1) Voir aux archives des Médicis, la correspondance générale des particuliers avec le grand-duc Ferdinand Ier, 278e volume, page 806.

(2) Ibidem.

Voici, comme seconde preuve de l'activité de Ferdinand, pour se procurer la connaissance des pays récemment découverts, une autre lettre en date du 19 juillet 1604, adressée sous forme de note (inserto) à son secrétaire d'Etat Peroni, alors à Madrid, lettre que nous trouvons au 43ᵉ volume de la correspondance d'Espagne, (1ʳᵉ série) parmi les minutes de lettres de Ferdinand, où il s'exprime en ces termes : « Etant doué d'une vive curiosité en ce qui concerne toutes choses, mais particulièrement en ce qui est relatif aux Indes, je voudrais que vous et Rena (1), fussiez continuellement à la recherche des moindres détails sur la Nouvelle-Espagne, et le Pérou, et sur les relations qui arrivent de là ; sur les mesures administratives que prend le gouvernement à l'égard de ces contrées ; sur les noms et prénoms de leurs vice-rois, et leur qualité, si c'est possible, ainsi que la qualité des autres ministres qui s'y trouvent. Car nous pouvons dire, qu'à l'exception des Indes, nous sommes parfaitement renseigné à l'égard de toutes les parties de l'univers. Vous pourriez recueillir beaucoup de particularités de la bouche du cardinal de Séville, ou bien en vous liant d'amitié avec quelque secrétaire ou sous-secrétaire du conseil des Indes. Sans contredit, une narration minutieuse des choses ci-dessus nous serait des plus agréables, non uniquement pour une seule fois, mais de temps en temps, et par toutes les occasions qui se présenteront à vous de m'écrire. »

Dans cette lettre, Ferdinand a raison de convenir qu'il manquait de données exactes sur le pays qu'il désigne, puisqu'en effet son ambassadeur à Rome, Giovanni Niccolini,

(1) Orazio della Rena, l'un des agents Florentins attachés à l'ambassade d'Espagne.

dans sa lettre datée de Rome du 9 août 1597 (1), lui dit que
si le soulèvement continue dans l'île du Pérou, qui est aux
Espagnols, l'Espagne s'en trouvera fort mal, puisque c'est
de là qu'elle tire son or. Dans d'autres lettres du même
temps, nous voyons également figurer l'expression de l'île
du Brésil pour mentionner le vaste empire du continent
américain. Nous ne savons comment expliquer l'usage du
mot d'île dans ces circonstances, lorsque des cartes géographiques sur les deux Amériques existaient dès 1550 ; nous
nous étonnons également que Ferdinand fût tellement dé-
pourvu des renseignements qu'il réclame de ses agents,
lorsque trois de ses sujets habitaient le Brésil et le Mexique, de même que Philippe Sassetti habitait Goa. En effet,
dans une requête de frère Emmanuel Cavalcanti (2), ce religieux de l'ordre des frères mineurs observants de Saint-
François du couvent de Lisbonne, demande qu'il lui soit
délivré une attestation sur la noblesse et ancienneté de sa
maison, figurant parmi les familles Florentines. Il rappelle
qu'il y a environ quatre-vingts ans, Philippe Cavalcanti,
son aïeul paternel, issu par sa mère de la famille Mannelli,
passa à Lisbonne, puis à Pertimbuc (Fernambouc) au Brésil, pour affaires commerciales ; (qu'en 1600, il résida à
Curinda, sur la côte du Verzino, d'où il envoya au grand
duc, par l'entremise de Raphael Fantoni, habitant de Lisbonne, onze pièces de bois précieux, propres à être travail-

(1) Voir au 54ᵉ volume de la correspondance de Rome, 1ʳᵉ série, Archives
des Médicis.

(2) Requête du 31 décembre 1626, tirée du 9ᵉ volume, page 57, affaires et
rapports, classe 1. Distinzione, 35. Archives des Riformagioni, à Florence.

lées) (1) ; et que, s'étant marié avec une femme noble, et par
son extraction des plus considérables de la colonie, il en
avait eu plusieurs enfants, entre autres Antonio Cavalcanti,
son père, encore vivant, ajoutant que ce Philippe acquit de
grands biens au Brésil, demeura avec tous les siens au service de Sa Majesté Catholique, et vint plusieurs fois à Lisbonne, où il déploya un grand faste, et où il maria ses
filles aux principaux seigneurs du pays.

L'autre sujet toscan qui habita également le Brésil, fut
Baccio da Filicaia (2), que nous allons laisser parler lui-
même : « Tout jeune, dit-il, je fus envoyé par mes parents
à Lisbonne, où je restai quatre ans. Mais après, par suite
de pertes qu'essuyèrent mes chefs, on ferma la maison d'affaires où je me trouvais. Force me fut de rentrer dans ma
patrie. En arrivant, je m'empressai de rendre obédience
au grand duc, et de lui baiser les mains. Cette Altesse me
reçut avec sa bonté accoutumée, m'exhorta à donner de
moi la même satisfaction dont mes ancêtres avaient offert
l'exemple ; et me promit sa faveur et son appui, si je me
comportais ainsi qu'ils l'avaient fait. Comme les affaires
de négoce continuaient à être calamiteuses, comme j'avais
d'ailleurs plus de penchant à la science des mathématiques
qu'au trafic, afin de ne pas faire fausse route, je me mis à
étudier l'architecture militaire, l'artillerie, la cosmogra-

(1) Les mots placés entre parenthèses ne font point partie de la lettre
d'Emmanuel Cavalcanti, mais d'une autre lettre écrite par Augustin Fantoni,
le 9 février 1601, au grand-duc Ferdinand Ier, que l'on trouve au 241e volume, page 490, de la correspondance générale des particuliers, aux Archives
des Médicis.

(2) Les familles Mannelli, Filicaia, Ridolfi, Corsi, citées dans cette notice,
sont encore existantes à Florence, où elles occupent le premier rang parmi la
noblesse. Les Sassetti, éteints, ont dans l'église de la Trinité de la même ville,
une chapelle sépulcrale décorée par de célèbres fresques de Ghirlandaio.

phie, initié et stimulé par les excellents professeurs que le grand duc tient continuellement à ses gages (3). Avec le temps, je vis néanmoins que la théorie sans la pratique ne me servirait de rien ; je me résolus donc à me produire au dehors et à courir le monde, cherchant de quel côté je pourrais mettre mon désir à exécution ; de façon, lorsque je me serais bien exercé, à retourner dans la patrie, pour jouir du joug plein de douceur de Son Altesse, et la servir au moyen de mes connaissances acquises en pays étranger, portant envie à tant d'hommes de mérite, qui, réunis sous sa protection, sont si encouragés, et si occupés à son service.. »

« Me trouvant donc sur ce point de la Péninsule Ibérique, je traversai l'Océan pour aborder au Verzino, où je fus aussitôt employé en qualité d'ingénieur en chef de cet état, par un gentilhomme portugais appelé Don Francesco de Sousa, qui servait de gouverneur général à toutes ces provinces, lequel avait appris mon arrivée. Ayant été en sa compagnie visiter tout le pays et ses forteresses, il m'occupa à restaurer grand nombre d'entre elles, et à fortifier à neuf d'autres ports. Il me donna conjointement la charge de capitaine d'artillerie de ces places. Ensuite Sa Majesté l'envoya à la Plata, à la découverte de certaines mines d'or, où je l'accompagnai encore, rédigeant une description de toutes ces contrées, et fournissant mes idées pour faciliter l'exploitation des mines. Je continuai de la sorte mon service dans ces deux charges, durant l'espace de cinq années, au bout desquelles Don Francesco fournit le terme de son gouvernement. »

(3) C'était vers l'époque où vivait Galilée.

« Comme il me semblait, quant à moi, que j'avais rendu encore peu de services, animé du désir de m'exercer à de plus grandes choses, je m'attachai au nouveau gouverneur envoyé dans ce royaume, lequel se nommait Diégo Boteglio. Diégo Boteglio, ayant résolu de découvrir et de conquérir les provinces baignées par les fleuves du Maragnon et des Amazones (1), connaissant la curiosité de mon caractère, m'attacha au général portugais chargé de cette expédition, en me donnant le titre de sergent-major et capitaine d'une compagnie. Sachant que la couronne d'Espagne paye une faible solde, mais récompense bien les services, je réso-lus d'entreprendre cette campagne à mes frais, afin de me rendre Sa Majesté plus obligée, et d'être mieux rémunéré de mes peines. J'ai servi de la sorte, à sa satisfaction, six autres années dans ces charges, après lui avoir conquis deux cents lieues de terres, avoir soumis à sa couronne beaucoup de nations composées de gentils, et les avoir convertis à la sainte foi catholique. L'an passé, je fus envoyé par mon général à la recherche de sites convenables pour établissements de ports sur les rives du Maragnon. Ayant exécuté avec un petit navire ce qui m'avait été prescrit, comme j'avais souvent donné à sec, perdu mes ancres, et quelques voiles par les temps contraires, mon vaisseau se trouvant tout ouvert, il ne me fut pas possible de retourner au Verzino, si ce n'est d'arriver en poupe aux Indes de la Nouvelle-Espagne. De 'là, pour donner contentement de moi et de ce que j'avais entrepris, je me rembarquai pour le Portugal, où je suis arrivé depuis un mois. Me trouvant ici, je prétends demander à cette couronne la rémunéra-

(1) Aujourd'hui le nom de Maranon-Orella est confondu avec celui de rivière des Amazones.

tion de mes services à l'égard desquels je porte des attes-
tations suffisantes. Mais comme je suis étranger, afin
d'accélérer l'affaire, la faveur du grand duc me serait nécessaire. Sachant au reste combien Son Altesse aide et
protège ses vassaux, principalement ceux qui se conduisent
comme ils le doivent, j'ose prier humblement le grand duc
de daigner m'appuyer, en ordonnant à Monseigneur l'archevêque de Pise, son ambassadeur à la cour de Sa Majesté
catholique, qu'il me seconde dans la production de mes
titres, et dans l'obtention de ma récompense. Mais comme
mes titres sont d'abord examinés en Portugal, et que de là
ils vont à la cour de Madrid, pour la délibération (1), je
prie Son Altesse de m'accorder en outre, ses lettres de
faveur pour le vice-roi de Portugal, Don Christovan de
Mora, Marquès de Castel Rodriguo, et pour le Conde (le
Comte) Amirante, président du conseil des Indes, qui sont
les personnages en qui réside toute l'administration de cet
état; lettres de faveur qui me seront d'une grande utilité,
et dont je resterai éternellement obligé à Son Altesse le
grand duc de Toscane. »

« Don Francesco de Sousa, ci-dessus mentionné, à titre
de gouverneur général de l'Etat de Verzino, ayant décou-
vert, à l'époque où je l'accompagnai, beaucoup de mines
d'or, a été délégué par Sa Majesté, pour en être l'administrateur général, avec ordre de fonder une nouvelle ville,
devant s'en intituler Marquis, et y joignant une infinité de
grâces et d'honneurs. Don Francesco m'a demandé avec
tant d'instances que je voulusse bien m'adjoindre à lui

(1) Il faut se rappeler qu'à cette époque, le Portugal appartenait à l'Espagne.

pour procéder à la construction de la nouvelle cité et pour
en fortifier le port, que lui ayant tant d'obligations, je n'ai
pu faire autrement que de le lui promettre ; en sorte que
j'accomplirai avec l'aide de Dieu ce voyage, où je pense con-
sacrer trois autres années, après lesquelles je m'en retour-
nerai en Europe, pour employer ce qui me restera de vie
à la dévotion de Son Altesse Sérénissime de Toscane, assuré
que je serai bien vu par elle, et occupé par ce prince, à
qui puisse le ciel accorder toute prospérité. »

De Lisbonne, XXX août 1608.

Au bas de cette lettre, le ministre de Ferdinand apposa
le rescrit suivant, lequel, ainsi que nous l'avons remarqué à
plusieurs reprises, montre avec combien d'empressement
ce prince cherchait à se procurer des renseignements sur
les contrées lointaines et encore peu connues du nouveau
monde : « Que Filicaia envoye une note par écrit sur tout
le pays en question, avec le plus de particularités possibles, pour satisfaire la curiosité de Son Altesse qui reçoit
très volontiers ce genre de communications. (1). »

Ce Don Francesco de Sousa dont parle Filicaja, était
probablement le fils, ou le descendant de Thomas de Sousa,
qui, en 1549, fonda la ville de Bahia, autrement appelée
San Salvador, dans la baie de Todos Santos. Le pays que
l'on nommait alors la Nouvelle-Espagne, était le Mexique.
Au Mexique résidait ce Pisan à qui Ferdinand Ier chargea
César Baroncelli d'écrire, afin de se procurer une douzaine
de morceaux d'améthyste détachés au marteau, des plus
grands que l'on pourrait rencontrer pour être sciés ; en tâ-

_____

(1) Voir aux Archives des Médicis le 289e volume, à la page 1346 de la
correspondance générale des particuliers avec le grand duc de Toscane.

chant que les morceaux fussent du poids de 40 à 50 livres
(de 13 à 17 kilos), car on trouvait au Mexique de très belles
améthystes (1). La côte de Verzino, et la ville de Curinda,
ne sont relatées par aucun géographe, mais il est évident
que par le Verzino il faut entendre la côte qui s'étend de
Fernambouc à Bahia, en d'autres termes le Brésil. Nous
savons en effet que sur cette côte, et principalement au
cap St-Augustin (Fernambouc) abondent des végétaux ser-
vant à la teinture, végétaux que l'on pulvérise, et qui don-
nent une couleur d'un rouge vif (la brésiline), d'où, comme
chacun sait, les Portugais, trouvant dans son éclat de la
ressemblance avec celui de la braise ardente (*brasa*), en
appliquèrent le nom à la vaste contrée de l'Amérique Mé-
ridionale où ces plantes croissent en quantité. Ces végétaux
ont reçu dans le commerce bien des désignations, telles
que le brésillot, le bois de brésillot, le bois de Fernambouc,
le bois de la baie de tous les saints, ou brésil de la baie,
le brésillet, le bois du Japon, le bois de Ste-Marthe, le
lamon. Qu'ils appartiennent ou non à une seule espèce ou
à plusieurs, ces bois sont connus des droguistes et des
teinturiers comme fournissant cette matière qui colore en
rouge, et dont on fait un si grand usage dans l'industrie. Par
conséquent, puisque la poudre de Lamon se nomme en
italien, bersil, brésil, berzin, verzino, la situation de la côte
nommée par Filicaja ne peut donner lieu à aucun doute.
Nous en avons davantage à l'égard de celle de la ville de
Curinda, Curenda, ou Corinda, que les géographes, tant
anciens que modernes, passent sous silence. Si ce n'est que
dans l'atlas de Mercatore, on trouve non loin de Buénos-

(1) Voir tome 163 des minutes de lettres du grand duc Ferdinand Ier.
Celle-ci porte la date du 1er juin 1601.

Ayrès, sur la rive opposée, entre l'affluent l'Urugay et celui Rio-Negro, mais beaucoup plus rapprochée de ce dernier, une ville de Curinda, aujourd'hui disparue des cartes modernes. Il ne serait donc pas impossible qu'il s'agisse, dans la lettre d'Emmanuel Cavalcanti, d'une ancienne cité des bords de Rio de la Plata, bien que nous n'osions rien affirmer à cet égard.

On pourrait, à première vue, attribuer uniquement à un sentiment d'ambition personnelle les questions que Ferdinand adresse à ses agents, sur les conditions des contrées équatoriales du globe ; mais d'autres actes de ce prince nous le montrent mu le plus souvent par un zèle désintéressé, lorsqu'il se fait le promoteur des connaissances ethnographiques.

Le Père Jean dé Baldassare , Abyssin , l'informe (1) « que se trouvant sur le point de quitter Rome pour retourner en Ethiopie, il réclame son appui, ainsi qu'il avait eu précédemment celui du grand duc François, son frère, qui lui faisait toujours écrire par Bernard Vecchietti. Ce religieux sollicite des secours qui lui permettraient de subsister jusqu'à l'achèvement d'une histoire de toutes les choses regardant l'Ethiopie, histoire qu'il s'occupe de mettre en ordre. » Ses vœux sont exaucés.

Vers l'an 1587, le Père Giovanni Pietro Mattei, de Bergame, jésuite qui vécut de 1536 à 1605, fut appelé de Rome à Lisbonne, afin de rédiger en latin, et en très beau style, divers mémoires reçus du Japon, ainsi qu'une histoire de

____

(1) Voir sa lettre datée de Rome, du XXVIIIJ mars 1591, à la page 226 du 166e volume de la correspondance universelle des particuliers avec le grand duc. Archives des Médicis.

la conquête des Indes, dont le Florentin Francesco Serdo-
nati a donné la traduction italienne ; et c'est Ferdinand qui
prend à sa charge l'entreprise de l'impression de l'ouvrage
de Mattei, ouvrage qui vit le jour à Florence. Le grand duc
en reçoit les louanges du cardinal Albano et du cardinal
Paleotti (1), « qui se réjouissent de pouvoir constater que
Son Altesse sérénissime continue à toujours être le protecteur et l'ornement des sciences, comme le fut de tout temps
la maison de Médicis. Ils le félicitent de son infatigable
inclination à favoriser les productions de la presse italienne,
et d'aider, par son intermédiaire, non seulement les affaires de la foi chrétienne, en propageant les livres qui peu-
vent y disposer les âmes des infidèles, mais encore de
procurer aux fidèles et aux catholiques du plaisir et de
l'admiration. »

Cette dernière phrase fait allusion à la création de l'imprimerie des langues orientales, dont nous avons déjà dit
que Ferdinand, n'étant encore que cardinal, fut l'illustre
fondateur. C'est au seul point de vue des missions apostoliques et des rapports des Médicis avec l'Asie, que nous
entrons dans un sujet, qui sous le rapport de l'histoire de
la typographie, a été tout récemment traité avec un rare
talent, une clarté, un ordre remarquables et un intérêt
soutenu, par un jeune écrivain, il signor Enrico Saltini,
attaché aux archives centrales de Florence (2). Cette notice

(1) Mêmes archives. Voir les lettres de ces deux cardinaux du 25 et du 27
février 1588, dans le 38ᵉ volume de la correspondance des cardinaux.

(2) Della stamperia Orientale Medicea, e di Giovan Battista Raimondi.
Memoria compilata sui documenti dell'Archivio Centrale di Stato, da Gu-
glielmo Enrico Saltini, a pagina 257 del giornale Storico degli archivi Tos-
cani, che si publica dalla soprintendenza generale agli archivi dello stato. —
Firenze, presso l'editore G.-P. Vieussieux, 1860. — A la tête de ce journal

ayant paru en langue italienne , nous serons heureux d'avoir rencontré l'occasion de la signaler aux érudits français, ne fut-ce que par les emprunts très succints que nous allons lui faire.

Le cardinal Ferdinand de Médicis, protecteur des Patriarcats d'Alexandrie, d'Antioche et du royaume d'Ethiopie, conçut le projet (comme le meilleur auxiliaire pour répandre le catholicisme en Orient), d'y faire distribuer, par l'entremise de marchands italiens, des évangiles , des bibles, des grammaires, des dictionnaires et, chose notable, des ouvrages de médecine et de science, l'Avicenne, l'Euclide, le Géographe Nubien, l'Apollonius Pergeus, en langues et en caractères des diverses contrées du Levant, tels que : en Arabe, en Caldaïque, en Arménien, en Slave, en Dalmate, en Syriaque, en Syriaco-Caldaïque, en Egyptien, en Persan, en Ethiopien. Les poinçons de ces caractères d'imprimerie furent exécutés avec une admirable netteté , qu'on devine par qui? par des graveurs français, par Robert Granjon, vers 1585, par Jean Cavaglion en 1595, et par Albert Cesaris, flamand, alors établis à Rome, sur la commande du libraire apostolique Domenico Basa, de qui ils furent achetés ensuite par Giovam Battista Raimondi, directeur de l'imprimerie orientale, qu'avait fondée le cardinal de Médicis en 1586. Plusieurs siècles après, en 1808, [sous le gouvernement Napoléonien, ils furent demandés par M. de Gérando à Tommaso Puccini, administrateur du Musée de

à la rédaction duquel coopèrent la plupart des savants employés des archives, florentines, est le surintendant il Sig^{or} Cavière Profess; Bonaini, à qui cet établissement doit sa réorganisation et sa prospérité; nom que nous prononçons avec gratitude, à cause des facilités que le docte surintendant a bien voulu nous accorder, pour puiser dans le trésor dont il est dépositaire.

Florence dit Galerie des Offices. Puis après 1816, ces dépouilles opimes enlevées aux Toscans revinrent à Florence
dans leurs caisses primitives, qui n'avaient même point été
ouvertes à Paris. Tout récemment, ces caractères ont servi
à éditer le texte des diplômes arabes existant dans les archives d'état de Florence, avec la traduction latine en regard,
du professeur sicilien Amari (depuis ministre de l'instruction publique), qui présida à l'impression de cet ouvrage,
exécuté en 1861 par Félix Lemonnier, ouvrage qui a figuré
à l'Exposition universelle de l'industrie italienne, en septembre, octobre et novembre de ladite année. La France
avait-elle besoin, après tout, d'accaparer ces caractères ?
Non. Ce que l'on appelle les monuments de la conquête ne
sera jamais qu'une indigne spoliation ! Par une coïncidence
qui plaira à ceux qui aiment les rapprochements, les premiers et les plus beaux caractères des langues orientales
que possède l'imprimerie impériale de Paris, furent trans-
portés également d'Italie, c'est-à-dire de Rome (ceux-là
légitimement), avant l'année 1615, par les soins de Savary
de Brèves, qui, après avoir été longtemps ambassadeur de
Henri IV à Constantinople, passa en 1611 avec le même
titre près de la cour pontificale. Ce savant diplomate, très
versé dans la littérature orientale, fit imprimer à Rome en
1613, le catéchisme du cardinal Bellarmin, première production de cette typographie arabe dont il dota la France,
sans que l'on sache si les caractères furent exécutés en Tur-
quie ou dans la capitale du monde chrétien (1).

Pour prouver à quel point en était arrivé l'abandon de la

---

(1) Voir l'ouvrage della Stamperia orientale Medicea, de M. Saltini, et l'ouvrage de M. de Guignes, cité par lui; notices et extraits des manuscrits de la
bibliothèque du Roi, Paris, 1787.

culture des langues orientales, et la gloire qui revient à Ferdinand Ier de l'avoir remise en honneur, il nous suffit de citer les paroles du jésuite le père Antonio Possevino, qui à son époque joua un grand rôle, tant comme agent diplomatique en Pologne et en Germanie, que comme auteur d'un grand nombre d'ouvrages. « Le duc de Bavière qui possède, dit-il, une riche bibliothèque, s'occupe sans cesse à l'augmenter d'une série de livres de piété et d'œuvres spirituelles, série qui se composera de ce qu'il sera possible de réunir en publications dans toutes les langues connues, ainsi que l'on y est parvenu pour la plupart, excepté pour le grec, l'arabe et le syriaque (lingua soriana) que je suis chargé de rechercher. En ce qui concerne l'idiôme grec, je me trouve abondamment pourvu ; pour le syriaque, je m'adresserai à Rome ; mais quant à l'arabe, je ne saurais à qui recourir plus sûrement qu'à Votre Altesse, afin de la supplier de me faire envoyer au moins le catalogue des ouvrages dont elle a ordonné l'impression en cette langue ; d'autant plus que ce catalogue me servira pour en faire honneur à Votre Altesse dans mon Sacro parato (1). »

Ce cours sommaire historique sur l'établissement organisé par Jean-Baptiste Raïmondi, était indispensable pour l'intelligence de ce que nous allons dire sur le compte des voyageurs Toscans qui se dévouèrent à parcourir l'Afrique et l'Asie, au milieu des périls et au risque de leur vie, afin de distribuer au loin les exemplaires en diverses langues asiatiques, sortis de la presse des Médicis ; hommes d'abnéga-

____

(1) C'est le titre d'un ouvrage du père Possevino. Voir aux Archives de Médicis, le 261e volume, page 208, de la correspondance générale des particuliers avec le grand duc.

tion et de courage, que je serais tenté d'appeler les missionnaires de l'imprimerie orientale.

A leur tête il faut placer les deux frères Jean-Baptiste et
Jérôme Vecchietti, issus d'une famille toscane établie à Cosenza dans le royaume de Naples, laquelle était venue ensuite fonder une maison de banque à Naples même. Jean-
Baptiste naquit le 22 décembre 1552. Ses premiers voyages,
entrepris dans un but de trafic commercial, lui firent acquérir la pratique des provinces du Levant et des langues
sémitiques. On appréciera la valeur de ces connaissances à
l'époque dont nous parlons, lorsqu'on saura que le cardinal
Paleotto, cherchant, par ordre du Pape, quelqu'un qui sut
l'arabe et le caldéen; et étant allé trouver le général des
jésuites, celui-ci lui déclara, à la grande surprise de ce
prélat, qu'aucun de ses pères ne possédait ces idiômes (1).
L'on conçoit donc suffisamment les motifs qui déterminè-
rent le Pape à jeter les yeux sur Jean-Baptiste Vecchietti,
afin de l'envoyer en 1584 à la cour du roi de Perse, au nom
du Saint-Siége, portant pour instruction de travailler à la
réunion des chrétiens de ces provinces à l'Eglise romaine,
et de conseiller au Sophi d'entretenir en Asie la guerre allu-
mée contre les Turcs (2).

Dès le 14 janvier 1583, Jean-Baptiste Vecchietti écrit à
Filippo Sassetti qu'il se préparait à cette pénible mission,
et à aller de là le retrouver aux Indes (3). Etant donc parti
pour Alexandrie, d'Egypte il passa en Syrie, et traversant

(1) Ibidem. Voir au 171e volume, page 723, de la correspondance universelle des particuliers avec le grand duc, la lettre de Jean-Baptiste Raïmondi
au chevalier Bélisaire Vinta, ministre de Ferdinand Ier, datée de Rome 26
février 1593.
(2) M. Saltini, ouvrage déjà cité.
(3) Voir les lettres de Filippo Sassetti, page 231.

l'Arménie il parvint en Perse avec un plus heureux succès
que l'autre gentilhomme, Jean-Baptiste Britti, envoyé par
le cardinal de Médicis en Ethiopie, car, étant arrivé à la
cour du Sophi, il en fut reçu au gré de ses désirs (1). Ayant
donné rendez-vous à Goa à son frère Girolamo et à Sassetti,
pour aller les y rejoindre, il mit son projet à exécution,
mais au prix de quelles souffrances! Il s'engagea dans une
marche semée de périls et de privations, tomba malade *sans
un sou* (2) (senza un soldo), non dénué toutefois de ses
chers et précieux livres, achetés durant son parcours; il
arriva enfin à Ormus, chez un négociant ami de Sassetti,
après avoir recueilli, pour prix de ses fatigues, la possession
complète de l'idiôme persan. De là il regagna Goa, afin de
retrouver un navire qui le ramenât en Portugal, toujours
chargé d'une quantité raisonnable *(ragionevole)* de livres
fort rares et fort beaux. Jean-Baptiste Vecchietti raconte
les détails de cette laborieuse odyssée, dans une lettre datée
du 6 juillet 1587, adressée à Bernard Vecchietti, son parent (3), un des conseillers intimes du grand duc François.
Il avait écrit la relation de son expédition de l'année 1586, et
de celle accomplie en Perse en 1588, relations qui malheureusement ne furent pas imprimées. Mais par ce que nous
venons de dire, qu'on se fasse une idée de ce que l'on appelait alors un voyage, et du mérite courageux qu'il y avait à
l'entreprendre. Au retour vers l'Italie, après deux de ces
excursions, deux fois Vecchietti fut réduit en esclavage,
une fois à Alep, et une autre fois en Barbarie. Citons encore parmi les négociations dont il fut chargé, celle que

(1) Ibidem, page 410.
(2) Lettre 106 bis, ibidem, page 401.
(3) Ibidem, même lettre, même page.

Clément VIII lui confia en Espagne. Pour récompense de tant de souffrances, Vecchietti obtint à Naples une petite pension viagère et se fit admettre au Conseil de Portugal (1) : Una pensione a vita ben piccola. Elle lui fut assignée par la cour d'Espagne, à qui appartenaient alors Naples et le Portugal. De son côté, Girolamo (Jérôme) Vecchietti, dans une lettre en date de Rome, 9 juin 1594, expose son état de pauvreté et d'infortune (lo stato povero e infelice) et celui de son frère ; se voyant tous les deux dans le dénuement et dans l'impossibilité de pourvoir à leur existence (tutti e due bisognosi e impotenti), leur seule ressource consiste dans une pension viagère de 200 écus (1176 de nos francs actuels) que leur avait léguée par testament un parent, Antonio Vecchietti. Ce qu'ils réclament du grand duc, après tant de pérégrinations ordonnées par lui, ce n'est pas une récompense, « c'est simplement l'exonération de certains droits de succession exigés par le fisc, ou plutôt leur réduction, parce qu'ils étaient calculés sur le capital, comme si les légataires en avaient eu la propriété. » (2) En vérité, on se sent pris de grande commisération, après qu'on a suivi toutes les péripéties des voyages de ces deux frères, de voir à quel oubli et à quelle misérable condition les cours de Rome et de Toscane les laissaient réduits ! Girolamo Vecchietti naquit en 1557. Voyageur non moins intrépide que son frère, tantôt il l'accompagna, tantôt il s'aventura séparément. C'est lui qui rapportait à l'imprimerie orientale les manuscrits recueillis dans le Levant. Il dut acheter, entre

(1) Voir la lettre de Jean-Baptiste Vecchietti à Curzio Picchena, secrétaire d'Etat du grand duc Come II, de Madrid, 17 décembre 1613, au 321ᵉ volume, page 9 de la Correspondance universelle des particuliers. Archives des Médicis.

(1) Archives des Médicis. Suppliques.

autres, les livres de Moïse, en langue persane, dont l'existence en Egypte lui avait été révélée. « Ce serait une chose
glorieuse, ajoute-t-il, de publier une Bible en langue de
l'ancienne Egypte (le Copte probablement), car c'est une
langue célèbre de l'antiquité qui, je l'ai redit bien des fois,
tend à se perdre (sta per spirare), si l'on ne vient à son secours, attendu que son usage se trouve restreint aujourd'hui
à très peu de livres et à très peu de personnes, qui les uns
et les autres disparaîtront eux-mêmes, puisque les livres ne
s'écrivent plus par manque d'écrivains, et ne s'impriment
plus par manque de presses et de caractères d'imprimerie (1). »

Après avoir rempli en Egypte de très honorables missions
auprès du patriarche d'Alexandrie, Girolamo passa onze
années dans l'Inde, de 1593 à 1604, et y rejoignit son frère.
Durant leur retour, ils essuyèrent un grand nombre de
mésaventures, d'attaques, de blessures ; c'est alors que son
frère, Jean-Baptiste, tomba deux fois en esclavage (2). En
1609, il s'embarquait encore une fois pour le Levant, accompagné du chevalier de Malte Guadagni de Beauregard (3).
Enfin, en 1620, il se rendit à Augsbourg, dans l'intention
de faire imprimer un ouvrage qu'il avait composé (le récit de
ses aventures extraordinaires). Il l'annonce comme étant de
la plus haute importance, et comme ayant toujours été
considéré par ceux qui l'ont lu pour une œuvre à laquelle
on n'a pu atteindre dans les siècles passés. Ne trouvant per-

(1) Voir l'ouvrage déjà cité de M. Saltini, page **274**.

(2) Voir au 337e volume de la Correspondance universelle des particuliers
avec les grands ducs de Toscane (Archives des Médicis), la lettre adressée par
Girolamo Vecchietti à Come II, datée d'Augsbourg du 16 janvier 1620.

(3) Mêmes archives, même correspondance universelle au 300e volume,
page 759, lettre datée de Malte, 23 octobre 1609.

sonne en Italie qui voulût l'imprimer, parce que sa publication aurait entraîné dans des frais trop énormes, il s'était transporté à Augsbourg, Francfort et Cologne, afin de réaliser son projet (1).

Un troisième voyageur, chargé comme les précédents de la propagation des produits de l'imprimerie orientale, livré comme eux aux plus rudes péripéties de la vie errante, fut Jean-Baptiste Britti, ami et compatriote des frères Vecchietti, étant né ainsi qu'eux à Cosenza. Muni des mêmes instructions qu'avaient reçues les deux frères, il fut mandé à la même époque de 1584, au prêtre Jean (Janni), souverain de l'Ethiopie, par le pape Grégoire XIII, et par le cardinal de Médicis, de la suite duquel il faisait partie en qualité de gentilhomme. Etant parvenu à Bassora, à l'embouchure de l'Euphrate, il s'embarqua pour Ormus, sur la flotte turque; mais il fut dévalisé par certains pêcheurs arabes faisant métier de pillards; blessé en cinq ou six endroits en défendant ses jours, il leur échappa après avoir tout perdu, se réfugia à Ormus en mars 1585, et, sous la protection du gouverneur de ce port, se rendit à Goa pour attendre le passage d'un navire, afin de gagner les côtes d'Ethiopie (2). Certes, des voyageurs doués de tant d'énergie et de constance dans l'accomplissement de leurs devoirs, se consacrant avec une si vive ardeur à arracher à une perte certaine de rares manuscrits, ont des titres à la sympathie et au souvenir de la postérité !

---

(1) Jacopo Morelli, dans l'index raisonné des manuscrits de la bibliothèque Mani, de Venise, cite pareillement une lettre de Girolamo Vecchietti, datée d'Augsbourg, 26 mars 1620, où il fait un long récit des événements de ses voyages.

(2) Lettere di Sassetti, pages 332, 371, 424.

La mission de Vecchietti paraît avoir été couronnée de succès, puisque lui-même écrit de Rome, en date du 2 juillet 1600, au chevalier Vinta, premier ministre et secrétaire d'Etat du grand duc. « Le Père, Frère Vincenzio, de l'ordre des carmes déchaussés, étant allé en Perse, a été fort bien accueilli par le roi, duquel il a obtenu un couvent et une église à Hispaham. Il retourne une seconde fois dans cette contrée. Il est parfaitement informé des choses du pays, et connait ce Michel Agniolo que vous savez. Ce Père est une personne de grand mérite et de grande bonté ; aussi suis-je d'opinion qu'il pourrait être utile dans les affaires qui surviendraient en ces contrées, étant, comme je l'ai observé, en excellents termes avec cette cour où il est très connu (1). »

Ce Père Vincenzio, est Vincenzio Ruffino, frère mineur observant, et Michel-Agniolo, est ce Michel-Ange Corraï ou Corarì, syrien (2), né à Alep, point de communication entre la Méditerranée et le golfe Persique ; personnage que nous avons tout lieu de présumer chrétien, car, en 1599, il était venu à Rome en compagnie du Père Vincenzio Ruffino (3), et il devint plus tard le protecteur de Frère Benigno de San Michele, carme déchaussé, qui en parle en ces termes, dans une lettre au grand duc, datée de Rome, le 7 janvier 1614 (4). « Ayant été envoyé ici par mes Pères

(1) Voir aux Archives des Médicis, le 305e volume de la Correspondance universelle des particuliers avec les grands ducs, à la page 433.

(2) Suriano ou Soriano. Il s'excuse de ne pas savoir écrire en italien, et de ne pouvoir signer qu'en Suriano. En Français on trouve aussi quelquefois Surien employé pour Syrien.

(3) Voir aux mêmes Archives, au 31e volume de la correspondance avec les cardinaux, la lettre originale du grand duc Ferdinand au cardinal Dal Monte-Sansavino, datée de Montevettolini, 18 décembre 1599.

(4) Aux mêmes Archives, 323e volume de la Correspondance universelle des particuliers, à la page 382.

qui résident en Perse, pour leurs affaires particulières, à cette occasion, le roi de cette contrée m'a remis une lettre pour Votre Altesse, et m'a ordonné de lui protester qu'elle n'avait pas, même parmi les princes chrétiens, de personne qui en conçoive plus d'estime que lui..... Par ce motif, il m'a chargé de demander en son nom, à Votre Altesse, trois ou quatre canons d'arquebuse de 6 à 7 palmes de longueur, et une bonne cotte de mailles ; ajoutant qu'aucune arme des chrétiens autre que celles-là, ne tenait en échec les Turcs, nos ennemis communs ; et par ce motif, il désirerait ardemment en être pourvu. — Le chevalier Michel-Ange Corraï, serviteur de V. A. en cette cour, vit maintenant honoré au-delà de toute expression par le monarque Persan, dont il a reçu en jouissance perpétuelle certaines terres qui lui procurent un revenu annuel de passé 3,000 écus, et en argent, meubles et autres présents, la valeur de plus de 50,000 écus ; biens précédemment possédés par un personnage mahométan, capitaine de la cavalerie (nommé Denghiz-Begh)(1), lequel fut envoyé dans ces dernières années, avec une quantité considérable de soie, en ambassade auprès de Sa Majesté catholique d'Espagne ; mais dans cette charge, n'ayant pas servi son souverain comme celui-ci le prétendait, il fut mis à mort à son retour, et le roi fit don de tout son avoir au seigneur Michel-Ange. » A l'époque dont nous parlons, la religion catholique fut florissante en Perse, où depuis trois cents ans et plus, les chrétiens étaient restés sous l'obéissance du Souverain Pontife de

(1) Le nom est mentionné dans une lettre de Jean-Baptiste Vecchietti, datée de Madrid, le 17 décembre 1613, adressée au secrétaire d'état du grand duc Come II, Curzio Picchena, et que l'on trouve au 321e volume, page 9, de la Correspondance universelle des particuliers. Mais Vecchietti dit que Denghiz-Begh avait été envoyé en ambassade à Constantinople.

l'Eglise romaine, au milieu des infidèles et de populations hostiles. Le Père, Frère Paolo Maria Cittadini, italien, de l'ordre de St-Dominique, théologien et vicaire-général de de la Perse, et de l'une et l'autre Arménie en 1617, nous apprend qu'il avait sous sa direction plusieurs couvents, dans beaucoup de villes où l'on comptait des catholiques, principalement à Maxivano, en Arménie (1).

Un autre genre d'émissaires chargés d'explorer les contrées Asiatiques par l'ordre de Ferdinand Ier, ce furent ces hommes envoyés à la recherche de marbres précieux, de jaspes, de lapis-lazzuli, d'agates, qui servirent à l'ornementation de la chapelle sépulcrale des Médicis. Le chevalier Settimani, dans ses mémoires inédits (2), prétend que la première pensée d'ériger cette chapelle, se rattache à un projet de transporter à Florence le Saint-Sépulcre du Christ, promesse de conquête qu'aurait faite à Ferdinand Ier l'émir Faccardin, prince de Sion et de Tyr en Syrie, chef d'une partie des populations Druses, afin de tirer du grand duc un secours contre ses ennemis particuliers. Quoiqu'il en soit de ce projet, la chapelle resta destinée en définitive à renfermer les tombes de la famille régnante des Médicis, et fut exécutée d'après un plan vaste et magnifique, qu'aurait à peine osé concevoir pour sa dynastie un roi de toutes les Espagnes, un Philippe II. Ce fut pour revêtir les murs de ce monument splendide et vraiment royal, que Ferdinand envoya par toute la terre les émissaires dont nous avons parlé, chargés d'en rapporter les agates et les pierres

(1) Voir la lettre du père Cittadini, en date de Naxivano de l'Arménie-Majeure, 13 août 1617, au 332e volume, page 75 de la Correspondance universelle des particuliers. Archives des Médicis.

(2) Voir à l'année 1613.

dures, qui, découpées ensuite, et assemblées en une sorte
de marqueterie, de rinceaux, de fleurs et d'armoiries, ont
été l'origine, ou du moins le développement d'une espèce
particulière de mosaïque, dite mosaïque de Florence, la
plus riche à notre avis, et la plus durable qui existe, puisqu'elle est composée de pierres rares, dont les veines habi-
lement employées, remplacent ces ombres et ces clairs
obscurs, au moyen desquels le pinceau des dessinateurs
forme le relief des objets dans les tableaux. La correspondance conservée aux archives des Médicis nous montre Ferdinand poursuivant avc une ardeur sans égale la décoration
de cette chapelle. Pour nous renfermer dans notre cadre,
où nous traitons des voyages et du commerce dans les continents nouvellement découverts, voyons quels explorateurs
Ferdinand Ier y dirigea.

C'est le 10 janvier 1604, que fut posée la première pierre
de la chapelle, dont le prince Don Giovanni de Médicis,
qui se piquait de connaissances architectoniques, donna les
dessins, laissant à Matteo Nigetti, architecte Florentin, le
soin de faire le petit modèle du monument, et les esquisses
d'ornements de jaspe (c'est-à-dire de mosaïque), tant pour
les parois de la chapelle, que pour son autel, et pour le
tabernacle du Saint-Sacrement (1). Ces jaspes, on les ras-
semblait depuis plusieurs années, et c'est alors qu'eurent
lieu les explorations ordonnées à cet effet au Brésil, au
Mexique, et jusqu'au fond de l'Asie. Déjà le grand duc
avait dans ces parages, à Macao, un de ses sujets, Orazio

---

(1) « I disegni e modelli, sì della muraglia come *degli ornamenti dé Dias-*
pri, e dell'altare e ciborio. » Voir aux Archives des Médicis, vol. 5 *bis* de la
1re miscellanée, dossier de 1640.

Néretti, qui y remplissait des fonctions importantes. Bien
des années auparavant, il était venu aux Indes avec les
marchands de la maison des Rovaleschi, qui avaient pris,
par contrat passé avec le roi, la ferme du poivre. S'étant
attaché au service des Portugais, il avait acquis de la réputation, était bien vu et bien reçu parmi les gentilshom-
mes indiens (*sic*) et les capitaines vice-rois. En 1600, Don
Pagolo de Portugal, ayant pris le commandement de quatre navires qui se rendaient de la Chine au Japon, Néretti
l'accompagna dans cette expédition, en qualité d'agent.
Mais, comme Don Pagolo dut s'arrêter à Macao, Néretti le
remplaça à titre de capitaine-major ou capitaine-général
du voyage, et résida au Japon un grand laps de temps, revêtu de cette même charge qui lui conférait la direction de
tous les voyages entrepris par les Portugais dans cette partie lointaine du globe (1). L'an 1613, il fut de nouveau
envoyé en qualité d'ambassadeur près de l'empereur du
Japon, par les Portugais, afin de tâcher de rétablir leurs
relations commerciales frappées de prohibition, ambassade
où il eut le bonheur de pleinement réussir, mais avec quelles fatigues et quelles dépenses pour lui-même, on se
l'imagine ! Néretti avait pour mère une dame de la maison
Bonsi, et pour aïeule maternelle une héritière de la maison
Ridolfi, deux illustres familles Florentines. L'un de ses
frères, Fabio Néretti, habitait Venise, l'autre, nommé Ber-
nardino, était resté à Florence, berceau de sa maison. Sur
la fin de ses jours, en 1619, Orazio fixé tout-à-fait à Lisbonne, sollicita le titre de Fidalgo de Portugal et l'habit

(1) Ibidem, 263ᵉ volume, à la page 235, de la correspondance générale des
particuliers avec le grand duc, lettre du Père Alexandre Valegnano au Père
Jean Alvarez.

de chevalier du Christ (1).

Un autre personnage, qui depuis nombre d'années possédait la confiance de Ferdinand Ier, pour ses relations extérieures, surtout en affaires commerciales, était le Flamand Van Derneensen, époux d'une Florentine, lequel, à l'avénement de Henri IV, et à l'époque de l'occupation du château d'If par le grand duc de Toscane, vers 1592, avait rempli plusieurs missions secrètes, lorsqu'il était à Marseille employé dans la maison des Pesciolini de Pise, qui se livraient au négoce dans ce port français. C'est à propos de cet agent que le grand duc ordonne, en 1603, à son premier ministre, le chevalier Bélisaire Vinta (2), « que l'on écrive à Antonio Carletti qui est à Amsterdam, afin de savoir où il faut envoyer des lettres à Van Derneensen ; et il recommande qu'on lui en adresse un double à Paris, où il serait possible qu'il se trouvât. Qu'on lui dise que Son Altesse a l'intention de mander en Perse, d'où elle veut se procurer pour sa chapelle des marbres précieux de différentes sortes. Son Altesse désire en outre qu'il lui donne une relation, la plus détaillée qu'il dépendra de lui, sur l'itinéraire de Perse au royaume de Magor, où l'on dit que l'on trouve beaucoup de pierres rares, agates, jaspes, et sur la situation des carrières du lapis-lazzuli. Secondement une relation sur les facilités du voyage de Perse jusqu'à la Chine pour le trafic des soies ; la qualité de celles récoltées en Perse, destinées à ces pays ; les lieux où l'on récolte la soie indigène de la Chine, et si l'on en exporte en

(1) Archives de Médicis, au 334e volume, page 615 de la correspondance universelle des particuliers avec le grand duc, avril 1619.

(2) Mêmes Archives, au 146e volume des minutes de lettres du grand duc Ferdinand Ier, document sans date, parmi ceux de 1603.

Perse ; les diverses espèces de soies qui s'y produisent, comment on pourrait les faire venir, et par quelle voie ? En un mot, des renseignements circonstanciés sur les soies, sur les agates et sur les autres pierres qui existent dans ces régions. Il recommande aussi à Van Derneensen de se procurer, et de lui faire passer, une carte des plus étendues et des plus exactes de la navigation aux Indes-Orientales et au royaume de Magor. »

De son côté, Nicolas Ciménès, sous la date de Florence, 25 octobre 1603, envoye au chevalier Bélisaire Vinta copie de la lettre qu'il a écrite à Mutio Cappelletti de Venise (1), et il fait mention des pierres qu'il attend d'Ormus. Il y joint la traduction et la copie d'une autre lettre qu'il a écrite à Don Pédro Cotinho, nommé par le roi d'Espagne gouverneur d'Ormus. En voici la teneur (2) : « Le seigneur Don Diégo Lobo étant venu en Italie, et ayant visité Son Altesse le grand duc de Toscane, l'a informée du mérite et de la valeur de votre seigneurie, et comme dans le même temps parvenait ici la nouvelle de la belle résistance que vous avez faite, lorsque le roi de Perse mit le siége devant cette île, S. A. étant prince très enthousiaste de pareilles actions et d'un semblable courage, croit devoir ne pas différer d'en complimenter votre seigneurie, ainsi qu'elle le fait par sa lettre ci-jointe. En conséquence, je donne des ordres à Venise, afin qu'elle vous parvienne. »

« Voilà plusieurs années que ce prince s'occupe de faire exécuter une chapelle en conformité avec sa grandeur. Il

---

(1) Ibidem. Au 8e volume, page 63, de la correspondance du premier secrétaire d'Etat, Bélisaire Vinta.

(2) Ibidem. Au 259e volume, page 358, de la correspondance universelle des particuliers avec le souverain.

ambitionnerait qu'elle fût comptée parmi les meilleurs sanctuaires de la chrétienté. L'entretien ayant roulé sur ce sujet avec Don Diégo Lobo, Son Altesse a appris de lui qu'en votre gouvernement, et particulièrement à Cambay, on jouit de la possibilité de se procurer facilement une bonne quantité de pierres dures (pierres fines) qui y sont communes. Son Altesse désirerait donc que votre seigneurie lui fît la faveur de lui trouver celles dont la petite boîte ci-jointe renferme, à titre d'échantillons, des morceaux que l'on nomme ici agates, améthystes et jaspes. Elle en voudrait une certaine quantité de chaque sorte, des couleurs les plus vives, et des plus grandes qu'il sera possible d'avoir. Ce sont de ces pierres qui s'expédient de votre gouvernement jusqu'en Portugal, sous la forme d'anneaux, de cachets, de coupes et autres, telles que la pierre de lait et la pierre de sang. Mais il suffit que celles demandées par Son Altesse lui parviennent brutes, ainsi qu'elles sortent des carrières, afin d'être ensuite travaillées ici selon le besoin. Il ne doit pas manquer, près de vous, de gens qui s'y connaissent bien et s'y entendent. »

Ouvrons ici une parenthèse pour expliquer ce que c'était que la pierre de lait et la pierre de sang. On croyait beaucoup alors à la vertu médicinale de certaines pierres, parmi lesquelles figure au premier rang la célèbre pierre de Belzuar, sur laquelle il y aurait tout un chapitre à écrire. Mais n'étant pas de notre sujet, contentons-nous de dire que les Médicis distinguaient les véritables dont ils faisaient le plus grand cas comme remède, d'avec d'autres prétendues pierres de belzoar, que la fraude n'avait pas manqué de répandre dans le commerce. Quant à la pierre de lait, les Indiens prétendaient qu'elle avait la propriété de faire tourner ce liquide. Mais Philippe Sassetti se moque de ces superstitions (Lettre 73). Cette pierre a de la transparence, et est jaspée de taches laiteuses ou paillettes d'opale se détachant sur un gris foncé. La pierre de sang ne serait-elle pas le jaspe sanguin, qui est maculé de rouge sur un fond vert sombre.

Nicolas Ciménès continue : » Quant à la dépense de l'achat de ces pierres, et à leur expédition pour Florence, le porteur de ces lettres est chargé de payer là-bas les sommes nécessaires, et de diriger une partie des pierres par terre, à dos de chameau, en suivant la voie de la Cafila, pour être rendues ici par celle de Venise, ainsi que Son Altesse le désire. Quant au surplus, votre seigneurie pourra donner l'ordre de les envoyer de Cochin à Goa, à Ferdinand Ciménès qui réside en cette ville, afin qu'il les expédie en Europe par le premier navire portugais. La lettre ci-incluse est à sa destination. »

Nous sommes encore une fois obligés d'interrompre le cours de la lettre de Nicolas Ciménès, afin d'expliquer le mot Cafila, qu'un Italien cherchera vainement dans le dictionnaire de la Crusca. La Cafila était le nom que l'on donnait aux caravanes de l'Hindoustan et de l'Afghanistan.

La lettre de Ciménès se termine ainsi : « J'attendrai l'avis que me donnera Votre Ilme Seigneurie sur ce qu'elle aura commandé, en même temps que la réponse de Son Altesse, qu'elle peut considérer comme un ami particulier, prêt à l'obliger en ce qui pourrait être de son service, et qui sera très reconnaissant et rempli du souvenir de la faveur que vous lui accorderez. Au demeurant, persuadé que le S. Don Diégo Lobo fera une attestation spéciale des bonnes dispositions de Son Altesse Sénérme, je ne m'étendrai pas davantage sur ce sujet, profitant de cette précieuse occasion pour me protester le serviteur de Votre I^{llme} Seigneurie et priant Dieu pour sa prospérité. »

En 1608, le grand duc ne se contente plus de faire venir des pierres dures (1) par l'entremise de personnages établis en Asie, et veut envoyer directement des hommes à lui pour en recueillir , et il fait écrire en chiffre à Van Derneensen (2) : « Informez-vous en Hollande, si le navire que vous avez acheté peut se rendre à Malacca, et dans quel port des Indes il peut entrer. Enfin, si pour aller en Chine, ce bâtiment peut passer entre les îles. » Ailleurs, il ordonne encore de mettre en chiffres ce qui suit, pour Van Derneensen (3) : « Qu'il se pourvoye d'un bon pilote pour le voyage des Indes-Orientales, et qu'il l'envoye partout où il le jugera nécessaire, de même qu'à ceux avec lesquels il traitera soit d'assurances, soit de vouloir engager des capitaux sur ce navire pour le voyage de l'Inde, que ce bâtiment ne peut nuire à la navigation de la compagnie hollandaise des Indes-Orientales, parce qu'avec *son pata- che*, il sera dirigé sur Cambay pour faire le chargement

---

(1) Dans le langage des mosaïstes florentins, on entend par pierres dures ce que nous appellerions pierres fines, les calcédoines, les cornalines, les malachites, les agates, les jaspes, les brocatelles d'Espagne, et autres pierres analogues, dont la taille exige les fers les mieux trempés, et qui, susceptibles d'un beau poli, ne s'altèrent point par le frottement. De même que dans les nuages on aperçoit des apparences d'objets et de figures, de même dans les veines des pierres, les mosaïstes cherchent des formes de plumes d'oiseau, d'ailes de papillons, de feuilles de plantes ; ils scient ces petits morceaux et rapprochant avec discernement ces diverses contours, ils en forment une image. La mosaïque de Rome est composée au contraire de petits cubes de pâte d'émaux, vitrifiés, de diverses couleurs.

(2) Archives des Médicis, au 166e volumes, page 279 des minutes des lettres et notes diplomatiques des grands ducs de Toscane. Lettre sans date (de 1606).

(3) Ibidem. mêmes minutes, même volume 166, page 272-274, inserto du 20 juillet 1606.

des pierres dures destinées à la chapelle de Son Altesse, et des autres objets encore qui se trouvent à Cambay, lesquels, de toutes façons, lui parviennent actuellement par la voie du Portugal. »

Nous suspendrons un moment notre narration, pour faire sur le mot *patache* un léger commentaire dont nous croyons que le lecteur nous saura gré, principalement le lecteur italien, puisque cette expression, qui se retrouve à chaque instant dans la correspondance de Ferdinand Ier et de ses ministres, n'a pas reçu le droit de bourgeoisie dans le dictionnaire de la Crusca, bien que l'étymologie de *patache*, *patascia*, soit donnée par nos linguistes, comme étant italienne. La Crusca répond à cela qu'il faut renvoyer ces expressions aux dictionnaires technologiques ; mais elle en a admis bien d'autres ; et pour n'en citer qu'un, elle a admis le mot *alla (aune)* mesure anglaise, française et belge, qui, disons-le en passant, était employée à Florence, lorsqu'on avait à vérifier ou inventorier des étoffes de grande dimension, des tapis, des *arazzi*, par exemple, d'une façon plus expéditive, l'alla étant double du *braccio*. La Crusca ne nous apprend pas vers quelle époque l'alla a cessé d'être en usage. Quant à la *patache*, ou au *patache*, au *pétache*, en italien *pataccio* et *pétaccio*, car nous trouvons également ment les deux vocables dans les vieux textes, c'était un vaisseau léger qui accompagnait les grands navires se rendant en Amérique et dans l'Inde. Son peu de tirant d'eau lui permettait d'approcher des côtes, de procéder aux sondages, de franchir les barres, de remonter l'embouchure des fleuves, en un mot d'exécuter toutes les manœuvres d'exploration, très importantes dans un voyage de découverte. Son rôle et son allure lui donneraient quelque ressemblance avec l'aviso. Cette expression était très usitée au temps de Henri IV. Le document italien de 1603, à la page 272, au verso, parle : du *pataccio* all'uso di quelli che vanno alle Indie Orientali..... et se vi si può mettere i remi, sarà bene ; quanto che no, si faccia senza essi, (si l'on peut y mettre les rames, ce sera bien, si on ne le peut, on fera sans elles.) A la page 274, on mentionne le *petaccio* et la *lancia,* commandés en Hollande ; à la page 279, il est encore écrit *petaccia.* Ugolino Baron, dans une lettre en italien du 1er août 1607 (1), écrit : « Nous avons trouvé au cap de Calédonie le *pataccio* Santa Maria, monté par le capitaine Jacques Pieres, qui avait pris à bord son pilote pour l'expédition de Chypre, laquelle n'a pas réussi. » Tandis que Frère Antonio Martelli, prieur de Messine (ordre de Malte), écrit pareillement en italien le 19 janvier 1609 : « Le *pétache (petaccio)* si maltraité qui appartient à Votre Altesse, s'en reviendra avec les autres gallions *(galeoni)* qui se sont réfugiés dans ce port, pour cause de mauvais temps (2). » Dans la correspondance de Christine de Lorraine, page 213 du 63ᵉ volume, une relation en langue italienne sous la date du 11 août 1608, s'exprime ainsi : « Le *pattache (pattachio)* ou galiote *(galeotta)* de Madame Sénénissime (la grande duchesse veuve) appelé le Grifone, quitta le port de Livourne sous le commandement du capitaine Puy. » Ce dernier passage explique quel genre de navire était un patache, comme le fait encore le passage suivant d'une supplique en italien de la comtesse de Warvich, où elle dit : « Que le comte son mari voulait armer

(1) Archives des Médicis, correspondance de la grande duchesse Christine de Lorraine, 46ᵉ volume.

(2) Archives des Médicis, correspondance de la grande duchesse Christine de Lorraine, 49ᵉ volume.

én course son *pataccio* à Livourne ; mais que tandis qu'il traitait des conditions avec Guaspero Orsi et Thomas Hont, ils firent sortir le *pataccio* du port avant d'être tombés d'accord ; et conduisirent ce navire (vascello) à Trapani, où ils prétendaient le vendre sans le consentement du comte, et en violation des lois et coutumes maritimes. Ce n'était pas tant la valeur du vaisseau que le vaisseau lui-même dont le comte regrettait la perte, par la raison qu'ayant été construit sur le modèle du Galion *(Galeone)* le Saint-Jean-Baptiste, il aurait souhaité qu'il ne tombât pas en des mains étrangères, comme il arriverait si on venait à le vendre, car on ne manquerait pas de le copier (1). « Enfin le grand duc Ferdinand Ier lui-même s'exprime ainsi dans la minute d'une de ses lettres en italien, adressée, en août 1605, à Vincenzio Strozzi : « Que l'on cesse de frêter plusieurs navires à Rouen... A Nantes, que Romena suspende sur-le-champ les acquisitions, même le bâtiment *la Prospère,* le patache *(pataccio)* pour lesquels il avait carte blanche. » Voir aux minutes de Ferdinand Ier, 166e volume. Nous allons faire suivre actuellement quelques documents en français, afin de constater dans notre langue l'emploi du mot *patache*. La comtesse de Warvich écrit de Livourne le 6 mai 1609 (2) : Je lui rendrai (à Son Altesse Sérénissime), remerciement très humble de l'honneur qu'il luy a pleu me faire, en me remettant, touchant mon *patache*, le choix des deux voyes, ou de la justice ou de l'arbitrage. » — « Le gran heau que fesait le patache et la tartane, m'ont contrin la renvouier, l'aian par plusieurs

_____

(3) Ibidem, au 63[e] volume, page 213.

(4) Ibidem, au 5[c] volume, 460.

fois casi perdue. Dieu leur fase la grase d'achever leur
vouiage (1). » Cette lettre est du chevalier de Malte ,
Beauregard-Guadagni, et voici celle de M. de Beaulieu ,
gentilhomme provençal de qualité , frère du baron de la
Garde (2) : « En attendant le retour du gentilhomme que
j'avois envoyé à Son Altesse, ne désirant demurer inutille
avec mon équiparge, je me résolut d'envoyer mon *patache*
et ma tartane en Levant, et moy attendant l'honneur des
commandemens de Vous Altesses, de m'en aller à Thunis,
pour brusler les navire de guerre dudit Tunis; ce que j'ay
fait soubs l'asurance que exécutant bien mon désain, 'que
Vous Altesse auroit agréable que j'avoasse estre à votre
service.... Je m'en vins à Malte où j'apprins que mon
patache et ma tartane avoient fait une prins d'une nef vé-
nitiane que les Turcs avoient faict et sacagée. » Un autre
Français, le capitaine Jacques Pierre, mande à la grande
duchesse Christine (3) : « J'ay esté avec Monsieur le com-
missaire..... il s'en vouloit aler en sa maison ; et s'il plaist
à V. A. S. luy donner le *patache*, et qui viendra avec moy,
il s'en acquitera fidellement..... à Ligorne, ce 17 novembre
1606. » Le commandeur des bastiments *(sic* la signature)
écrit pareillement à la grande duchesse : « Despuis que
M. Mottet est arrivé issi, il a truvé dé mariniers et dé bons
pillos, et un capitaine pour aller commander un de ses
pétaches....,. de Malta, se 20 août 1606 (4). » Nous nous
limiterons à ces citations, que nous pourrions multiplier
à l'infini.

<hr>

(1) Ibidem, même correspondance, même volume, à la page 339.

(2) Ibidem, même correspondance, même volume, à la page 595.

(3) Archives des Médicis, correspondance de la grande duchesse Christine
de Lorraine, au volume 4ᵉ, page 423.

(4) Ibidem, même correspondance, 4ᵉ volume, page 347.

Nous avons dit, avant de faire cette excursion dans le domaine de la Lexicologie, à propos du mot patache, qu'en 1608, le grand duc Ferdinand pensait à envoyer un navire en Asie, afin qu'on le chargeât de jaspes et de marbres précieux, recommandant de prendre toutes les précautions, afin de ne pas alarmer la vigilance toujours ombrageuse de la compagnie hollandaise des Indes-Orientales. Suivons-le maintenant dans cette entreprise.

Une dernière mesure restait à prendre : il s'agissait d'obtenir un passeport de la cour d'Espagne pour les hommes qu'il expédiait aux Indes. L'Espagne était si jalouse de ses colonies, et craignait tellement de se les voir enlever, qu'elle allait jusqu'à punir de mort l'Européen qui pénétrerait sans autorisation préalable sur le sol de ses conquêtes en Asie. C'est pourquoi Ferdinand écrit, le 19 janvier 1608, à l'archevêque de Pise, alors son ambassadeur à Madrid (1) : « Bien que les dernières lettres de Votre Sei · gneurie aient représenté les difficultés insurmontables qu'il y a de pouvoir obtenir la permission d'envoyer des navires aux Indes, et d'y acquérir des Etats, cependant vous ne mentionnez pas que l'on ait repoussé le désir particulier que nous avions de mander quatre hommes au Mogor, afin de chercher des pierres rares pour notre chapelle, et en faire provision, puisque Votre Seigneurie ajoute que le duc de Lerme lui avait dit que cette affaire aurait été expédiée ; en sorte que vous devez en avoir pressé davantage la réalisation. Il ne peut entrer dans notre esprit, que la cour d'Espagne soit pour prendre ombrage d'une curiosité de si peu d'importance, et qu'elle se refu-

____

(1) Mêmes archives, au 46ᵉ volume de la correspondance d'Espagne, première série, minutes de lettres du grand duc.

serait à nous donner ce genre de contentement. En somme
nous voudrions que vous vous ingéniez, par tous les moyens
possibles, afin d'arracher promptement cette autorisation
en faveur de mes quatre hommes. Si pourtant on faisait
difficulté de la concéder pour les quatre, obtenez-là du
moins pour deux, et notamment pour Cristofano Pandolfini, parce qu'il se trouve avoir en ce pays lointain un
jésuite qui est son oncle, lequel habite la ville royale de
Mogor, et jouit de l'amitié du souverain de cet empire. »

. Bientôt la négociation a fait de grands pas, les difficultés sont applanies, ainsi que nous le certifie la lettre sui-
vantes du capitaine Pandolfini, en date de Madrid, 30
octobre 1608, adressée à l'ambassadeur florentin résidant
à la cour d'Espagne (1) : « Cedit jour, j'ai tiré par la voie
d'Alicante, sur le signor Vincenzo Médici (trésorier général),
moi soussigné Cristofano Pandolfini, avec trois autres gen-
tilshommes florentins, expédiés à Lisbonne par Son Altesse
Sérénissime, notre maître, afin de nous embarquer sur
deux navires que S. A. Sérén^me sait être en partance pour
les Indes-Orientales ; notre mission étant de recueillir des
marbres pour le service de la chapelle royale que S. A.
Sérén^me fait ériger en l'honneur et louange de Dieu ; et de
nous en retourner en Italie, lorsque nous serons pourvus
de la quantité que nous pourrons réunir.

Le grand duc Ferdinand écrit au Père général des jésuites (2) : « Que pour l'embellissement de la chapelle
qu'il fait construire dans l'église de St-Laurent, se propo-

(1) Archives des Médicis. Dans le 12e volume de la 2e miscellanée, registre
de 1608.

(2) Ibidem, au 178e volume des minutes et insexti du grand duc Ferdinand Ier, page 393.

sant d'envoyer quatre hommes de ses serviteurs jusqu'aux Indes-Orientales, afin de chercher des pierres rares, il souhaiterait que ce Pére général lui remit des lettres de recommandation pour tous les recteurs des couvents que l'ordre des jésuites possède dans ces régions lointaines, à commencer par le recteur des jésuites de Lisbonne, où les hommes du grand duc doivent s'embarquer. Il en prie instamment le Père général, et il se flatte qu'il voudra bien prendre cette peine, non seulement afin de lui rendre un service signalé, mais aussi pour acquérir des mérites près de Dieu, puisque cette œuvre regarde son culte, et est entreprise en son honneur. »

Nos voyageurs partent donc, munis de lettres de recommandation, parmi lesquelles il en est une pour ce parent de Pandolfini, le Père Francesco Corsi, habitant la ville de Lahore, dans les Etats du roi de Magor (1). Elle est datée du 10 octobre 1608, et se trouve dans le 166ᵉ volume des minutes de lettres du grand duc (2), de même qu'une autre lettre sous la même date pour cet Orazio Neretti, que nous avons déjà mentionné comme résidant également dans l'Inde, en faveur de Pandolfini, et de quatre hommes intelligents et capables qui lui sont adjoints, lesquels se nommaient Giavan-Batista Nobili, Cosimo Guazzoni, Vincenzo Nello, et Alessandro Sirigatti. Voici la traduction de la lettre au Père Corsi, jésuite :

« Mon Révérend Père, après nous être procuré plusieurs lettres de Monseigneur le Père général de votre ordre pour divers Pères qui se trouvent en ces régions

---

(1) On lit dans ces divers documents, tantôt Magor, tantôt Mogor. C'est l'Empire Mongol.

(2) Un double de la lettre du Père Corsi existe pareillement au 170ᵉ volume de la même série, entre les papiers sans pagination. (Carte non numerate.)

lointaines, à titre de recommandation en faveur du capitaine Christophe Pandolfini, gentilhomme florentin, notre
sujet, et de quatre autres hommes que nous mandons aux
Indes, afin de se mettre à la recherche de pierres pour le
service et l'ornement de la chapelle que nous faisons élever
dans notre église de Saint-Laurent de notre ville de Florence, nous avons appris que vous vous trouviez également
en ces lieux ; n'ayant pu dans le même moment prier le
Père général de leur délivrer des lettres pour vous, nous
nous sommes résolus d'y suppléer avec celle-ci, sachant ce
que nous pouvons présumer de vos bonnes dispositions
pour ce qui contribuerait à nous donner du contentement.
Par conséquent, nous vous recommandons nos sujets ici
mentionnés, en tout ce que votre coopération et votre obli-
geance pourraient leur être de secours dans une aussi pieuse
entreprise. Et nous, réciproquement nous serons toujours
dans les meilleures dispositions pour favoriser tout ce qui
concernera vos propres intérêts. »

Cet engagement que Ferdinand Ier ne put tenir, puisqu'il
mourut peu après en 1609, il appartint à son fils Côme II de
le remplir ; il s'en acquitta généreusement lorsque le Père
Trigault, jésuite, faisant appel à sa libéralité et à sa protection, réclama son assistance en faveur des missions de
la Chine (1). Il en recueillit les marques, de la part de ce
jeune prince, fidèle en cela aux traditions de sa famille,
car, à toute époque de leur splendeur, les Médicis, promoteurs des sciences, avides de tout apprendre et de tout con-

____

(1) Nous avons déjà signalé plus haut l'intéressant ouvrage de M. l'abbé
Dehaisnes, sur la vie du Père Trigault, missionnaire en Chine, et nous ajou-
tons que l'on y trouvera une foule de faits qui confirment à notre grande
satisfaction, ceux que nous avons recueillis nous-mêmes sur les péripéties
des voyages, du commerce et des missions apostoliques, vers l'extrême
Orient.

naître, manifestèrent une grande sympathie pour les choses du Levant et de l'Asie, et conservèrent toujours le goût de satisfaire leur curiosité héréditaire sur les évènements qui se produisaient dans les différentes parties de l'Univers. Combien de fois ces évènements, surtout ceux de l'Orient, n'attirèrent-ils pas leur attention dans les diverses circonstances qui intéressèrent soit la propagation de la foi catholique, soit l'extension de la prospérité du port de Livourne, soit enfin certaines de leurs affaires personnelles. N'oublions pas d'ailleurs que de l'Asie venaient les perles, les diamants, les rubis, pour lesquels ces princes, poussés par le besoin de couvrir avec le faste leur origine un peu récente comme souverains, témoignèrent une assez grande affection.

Mais la richesse commerciale qui, jusqu'à la découverte de l'Amérique, avait été concentrée dans la Méditerranée et entre les mains de l'Italie, cette richesse commerciale déjà fortement compromise par l'invasion des Turcs dans l'empire d'Orient, où Venise et Gênes comptaient tant de factoreries, acheva complètement de se tarir, lorsque s'ouvrit la route de l'inconnu et des voyages hardis à travers les Océans. Le continent américain était entrevu ; le cap de Bonne-Espérance était doublé ; la fortune avait passé aux mains des Portugais, des Espagnols et des Hollandais. Ce sont là des faits souvent mis en relief par la plume de l'histoire ; mais ce qu'on n'a peut-être point assez remarqué, c'est que ce ne furent pas seulement ces nouveaux itinéraires qui occasionnèrent la ruine du commerce de l'Italie, ce fut principalement le monopole despotique que s'arrogèrent dans les deux Indes l'Espagne, la Hollande et le Portugal, par les manœuvres que nous avons décrites.

Page.	Nᵒˢ des notes.				
13	(1)	Archives centrales, à Florence. Archives des Médicis.	Correspondance des grands ducs de Toscane avec les cardinaux.	50e vol. sans pagination.	Minute de la lettre de Ferdinand Iᵉʳ, grand duc de Toscane, au cardinal dal Monte Sansavino. De l'Ambrogiana, 19 décembre 1600. Premiers mots de la lettre : *Mando a V. S. Illᵐᵃ una patente fatta dal Rè di Persia...*
15	(1)	Ibidem.	Même correspondance.	48e vol. sans pagination.	Lettre du cardinal dal Monte Sansavino à Ferdinand Iᵉʳ, grand duc De Toscane. de Rome 28 avril 1601. Premiers mots : *Giovedì fu chiamato il Patriarca di Costantinopoli...*
Ibid	(2)	Ibidem.	Correspondance de Rome.—1ʳᵉ Série.	58e vol. sans pagination.	Lettre de l'ambassadeur florentin Giovanni Niccolini, à Ferdinand Iᵉʳ, grand duc de Toscane. De Rome, XI avril 1601.
17	(1)	Ibidem.	Correspondance générale des par-	283e volume p. 388.	Lettre de Valerio Brignosa au chevalier Vinta, premier ministre du

Pages.	Nᵒˢ des notes.				
			ticuliers avec le grand duc de Toscane Ferdinand Iᵉʳ.		grand duc de Toscane Ferdinand Iᵉʳ de Médicis. De Florence, 25 octobre 1607. Premiers mots : *Con questo ultimo corriere di Spagna, me escrivono.....*
21	(1)	Ibidem.	Même correspondance.	281ᵉ volume p. 613.	Supplique adressée au Chevⁱᵉʳ Belisario Vinta, premier ministre du grand duc, par Clément Fenzi, fils de Jérôme Fenzi et neveu d'Antoine Fenzi. De Florence, 6 juin 1607.
22	(1)	Ibidem.	Même correspondance.	250ᵉ volume p. 327.	Lettre de Francesco Carletti au grand duc de Toscane Ferdinand Iᵉʳ. De Middelbourg en Zélande, du 20 juillet 1602. Premiers mots : *Havendo io, giovane di anni 25...* Et plus loin, dans le même volume, la lettre du *16 octobre 1602.*
22	(2)	Ibidem.	Même correspondance.	292ᵉ volume p. 447.	Copie traduite du flamand en italien, de la lettre adressée par Son

PAGES	Nᵒˢ des notes				
23	(1)	Ibidem.	Même correspondance.	292ᵉ volume p. 419,	Exc. le comte Maurice de Nassau aux députés et conseillers de l'Amirauté de Zelande. Du camp devant la ville de Grave, XV septembre 1602. Premiers mots : *Vi mandiamo qui aggiunta la copia di quanto il gran duca di Toscana...* Lettre de Francesco Carletti à Giovanni Macinghi, à Florence. De Middelbourg, 23 septembre 1602. Premiers mots : *alli 7 del presente ultimamente vi scrissi...*
24	(1)	Ibidem.	Même correspondance.	266ᵉ volume p. 69.	Lettre en latin d'Arnoud Grotenhunsium et ses collègues, administrateurs du commerce des Indes-Orientales (de Hollande) à Son Altesse Sérénissime le grand duc de Toscane Ferdinand Iᵉʳ D'Amsterdam, Ides de novembre 1604. Premiers mots : *Litteras tuas datas 17 julii accepimus quibus signi-*

Pages.	Nᵒˢ des notes.				
					cas dominos horatium Neretti et Franciscum Capponi...
24	(2)	Ibidem.	Même correspondance.	288ᵉ volume p. 571,	Lettre de G. Sanss à Orazio Assolini à Mantoue. De Bruxelles, 3 mai 1608. Premiers mots : *Con questo ultimo ordinario non hebbi nuove...*
33	(1)	Ibidem.	Même correspondance.	261ᵉ volume p. 208.	Lettre du P. jésuite Antonio Possevino au grand duc de Toscane Ferdinand Iᵉʳ de Médicis. De Venise XVI janvier 1604. Premiers mots : *alle sempre maggiori benignità...*
34	(1)	Ibidem.	Même correspondance.	279ᵉ volume p. 575.	Lettre du frère Felice Bargellini au chevᶦᵉʳ Bélisaire Vinta, premier ministre du grand duc de Toscane Ferdinand I. *Du couvent de l'Annonciade de Bologne,* 10 *février* 1608.
37	(1)	Ibidem.	Correspondance de Christine	1ᵉʳ volume p. 621.	Lettre de Regnault à la grande duchesse mère, Christine de Lorraine.

Pages.	Nos des notes.				
			de Lorraine grande du chesse de Toscane.		De Palerme, 1er juillet 1615. Premiers mots : *La très humble, très fidelle et antianne servitude...*
39	(1)	Ibidem.	Correspondance des grands ducs de Toscane avec les cardinaux.	49e volume sans pagination.	Lettre de Ferdinand Ier, grand duc de Toscane au cardinal Dal Monte Sansavino. Premiers mots : *V. S. Illma sà il diletto ch'io soglio havere dalle notizie delle cose del mondo..*
40	(2)	Ibidem.	Correspondance universelle des particuliers avec les grands ducs de Toscane.	300e volume p. 362, 363 364 412.	Lettre sans signature à Côme II, grand duc de Toscane. Sans date (1609?) Premiers mots : *Il negotio e pratica della Serra - Leona , hebbe principio...* Et lettre d'Emmanuel Ximenes au chevalier Vinta, 1er ministre secrétaire d'Etat du grand duc Côme II. Del Coll°. 27 septembre 1609. Premiers mots : *Perchè li ricordi messi in carta...*

PAGES.	Nos des notes.				
43	(1)	Ibidem.	Correspondance générale des particuliers avec le grand duc de Toscane Ferdinand Ier.	278e volume p. 806.	Lettre d'Isaac Lus, à Marcello Accolti, secrétaire d'Etat du grand duc Ferdinand Ier. De Livourne, 12 décembre 1608. Premiers mots : *Ricevei le 2 gra^{me} sue di 9 et 11...*
Ibid	(2)	Ibidem.	Correspondance d'Espagne. 1re série.	43e vol. sans pagination.	Lettre de Ferdinand Ier, grand duc de Toscane à Péroni, son ambassadeur à Madrid. De Florence, 19 juillet 1604. Premiers mots : *Essendo noi curiossimi d'ogni cosa, ma particolarmente delle Indie.*
45	(1)	Ibidem.	Correspondance de Rome. 1re série.	54e vol. sans pagination.	Lettre de Giovanni Niccolini, ambassadeur de Toscane à Rome, au grand duc Ferdinand Ier. De Rome, 9 août 1597.
Ibid	(2)	Ibidem. Archives des Riformagioni.	Affaires et rapports de l'auditeur Lorenzo Usimbardi. 1626-1631.	9e vol. page 57	*Requête de frère Emmanuele Cavalcanti, du 31 décembre 1626.*
46	(1)	Ibidem. Archives des Médicis.	Correspondance géné-	241e volume p. 490.	Lettre d'Augustin Fantoni au grand duc de

Papes.	Nos des Notes.				
			rale des particuliers avec le grand duc de Toscane Ferdinand Ier.		Toscane, Ferdinand Ier de Médicis. 9 février 1601.
50	(1)	Ibidem.	Même correspondance.	289e volume p. 1246.	Lettre de Baccio da Filicaja au grand duc Ferdinand Ier. De Lisbonne, XXX août 1608. Premiers mots : *Da Figlioleto fui mandato da li padri mia...*
51	(1)	Ibidem.	Minutes de lettres du grand duc Ferdinand I	163e volume	Lettre du grand duc de Toscane Ferdinand Ier. Du 1er juin.
52	(1)	Ibidem.	Correspondance générale des particuliers avec le grand duc Ferdinand Ier.	166e volume p. 226.	Lettre de Jean dé Baldassare, abyssin, au grand duc de Toscane, Ferdinand Ier. De Rome, 29 mars 1591.
55	(1)	Ibidem.	Correspondance des cardinaux avec les grands ducs de Toscane.	38e vol. sans pagination.	Lettre du cardinal Albano à Ferdinand Ier, grand duc de Toscane. De Rome, 25 février 1588. Lettre du cardinal Paleotto à Ferdinand Ier.

PAGES.	Nos des notes.				
56	(1)	Ibidem.	Correspondance générale des particuliers	261e volume p. 208.	De Rome, 27 février 1588. Lettre du P. Antonio Possevino. *Déja citée plus haut.*
57	(1)	Ibidem.	Même correspondance.	171e volume p. 723.	De Venise, 16 janvier 1604. Lettre de Jean-Baptiste Raimondi, directeur de l'imprimerie Orientale, au chevalier Bélisaire Vinta, 1er ministre secrétaire d'état du grand duc Ferdinand Ier.
59	(1)	Ibidem.	Même correspondance.	321e volume p. 9.	De Rome, 26 février 1593. Premiers mots : *Dopo la partenza di V. S. da Roma ando l'Illmo sig^r card^{le} Paleotto...* Lettre de Jean-Baptiste Vecchietti à Curzio Picchena, secrétaire d'état du grand duc Côme II.
60	(2)	Ibidem.	Même correspondance.	337e volume	De Madrid, 17 décembre 1613. Lettre de Girolamo Vecchietti à Côme II, grand duc de Toscane. D'Augsbourg, 16 janvier 1620.

PAGES.	Nos des notes.				
60	(3)	Ibidem.	Même correspondance.	300e volume p. 433.	Lettre du cavaliere Vecchietti. De Malte, 23 octobre 1609.
62	(1)	Ibidem.	Même correspondance.	305e volume p. 433.	Lettre de Giovambattista Vecchietti au cav^{re} Belisario Vinta, 1er ministre secrétaire d'état de Côme II, grand duc de Toscane. De Rome, 2 juillet 1610. Premiers mots : *Il Padre Fra Vincenzio, scalzo, è stato in Persia...*
Ibid	(3)	Ibidem.	Correspondance du grand duc de Toscane, Ferdinand Ier, avec les cardinaux.	51e vol. sans pagination.	Minute originale de la lettre du grand duc de Toscane, Ferdinand Ier, au cardinal Dal Monte Sansavino. De Montevettolini, 18 décembre 1599. Premiers mots : *Presenteranno a V. S. Illma questa mia lettera, un Padre Vincenzio Ruffino...*
Ibid	(4)	Ibidem.	Correspondance générale des particuliers a-	323e volume p. 382.	Lettre de Fra Benigno di San Michele, carme déchaussé, au grand duc de Toscane, Côme II.

PAGES.	Nᵒˢ des dotes.				
			vec les grands ducs de Toscane.		De Rome, 7 janvier 1614. Premiers mots : *Essendo dalli Padri nostri di Persia inviato in queste parti…*
63	(1)	Archives centrales, à Florence.- Archives des Médicis.	Correspondance générale des particuliers avec les grands ducs	321e volume page 9.	Lettre de Jean-Baptiste Vecchietti à Curzio Picchena. *Déjà citée plus haut.* De Madrid, 17 décembre 1613.
64	(1)	Ibidem.	Ibidem.	332e volume p. 75.	Lettre de Fra Paolo Maria Cittadini au grand duc de Toscane, Côme II de Médicis. De Naxivano , dans l'Arménie-Majeure, 13 août 1617. Premiers mots : *La Fama del vostro glorioso nome risuona sin dentro li padiglioni di questo potentissimo Rè di Persia…*
Ibid	(2)	Ibidem.	Memorie Fiorentine inedite del Cavaliere Settimani.		Année 1613.
65	(1)	Ibidem.	1ʳᵉ Miscellanée.	Volume 15 *bis.*	Inserto (note détachée) de 1640.

PAGES.	Nᵒˢ des notes.				
66	(1)	Ibidem.	Correspondance générale des particuliers avec le grand duc de Toscane, Ferdinand Iᵉʳ.	263ᵉ volume p. 235.	Premiers mots : *A di di gennaio MDIV, si dette principio á fondamenti della Cappella...* Copie d'une lettre traduite du portugais en italien, lettre écrite par le père Alexandre Valegnano au père Jean Alvarez, assistant pour le Portugal, au couvent de la Cⁱᵉ de Jésus, à Rome. (Du Japon), 29 octobre 1600. Premiers mots : *Con questa, mando un plichetto di lettere per Bernardino Neretti...*
67	(1)	Ibidem.	Même correspondance.	334ᵉ volume p. 615.	Avril 1619.
Ibid	(2)	Ibidem.	Minutes des lettres du grand duc Ferdinand Iᵉʳ.	146ᵉ volume sans pagination.	Lettre du grand duc Ferdinand Iᵉʳ à son premier ministre secrétaire d'état le Chevᵉʳ Bélisaire Vinta. Documents sans date, parmi ceux de 1603. Premiers mots : *Scrivasi una lettera a Antonio Carletti che sarà in Amsterdam...*

PAGES.	Nos des notes.				
69	(1)	Ibidem.	Correspondance de Bélisario Vinta 1er ministre secre d'état.	8e vol. p. 63.	Lettre de Niccolò Cimenes au Chevier Belisario Vinta. De Florence, 25 octobre 1603. Premiers mots : *Dalla gratissima di V. S. molto Illre dé 24 stante, resto avvisato...*
Ibid	(2)	Ibidem.	Correspondance générale des particuliers avec les grands ducs de Toscane.	259e volume p. 358.	Traduction (du portugais) d'une lettre de Niccolò Cimenes à Pietro Cotinho, gouverneur d'Ormus. Sans date (de 1603). Premiers mots : *Sendo venuto qui il sigor don Diego Lobo, et visitando S. A. S., il Granduca...*
71	(2)	Ibidem.	Minute di lettere e inserti dei Gran-Duchi di Toscana.	166e volume p. 279.	Minute de lettre du grand duc Ferdinand Ier. Sans date (de 1606). Premiers mots : *Che provegga e mandi qualche buon piloto...*
Ibid	(3)	Ibidem.	Mêmes minutes.	Même 166e volume p. 272 et 274.	Inserto du grand duc Ferdinand Ier à Vander Neensen. Du 20 juillet 1606. Premiers mots : *Seguitate di fare acconciare la nave...*

PAGES.	Nᵒˢ des notes.				
73	(1)	Ibidem.	Correspondance de la grande duchesse de Toscane, Christine de Lorraine.	46e vol. sans pagination.	Lettre d'Ugolino Bariton, à la grande duchesse Christine. A bord de sa galère (dans les mers du Levant) du 1er août 1607. Premiers mots : *Come do conto particolare a V. A. S^{ma}, trovammo alli 14 di giugno, il capitano Giaches Pieres, con il pataccio Santa Maria...*
Ibid	(2)	Ibidem.	Même correspondance.	46e vol. sans pagination.	Lettre de frère Antonio Martelli, prieur de Messine (ordre de Malte), à Christine de Lorraine, grande duchesse de Toscane. De Messine, 19 janvier 1609. Premiers mots : *Prima di ricevere la lettera di S. A. S^{ma}.*
74	(1)	Ibidem.	Même correspondance.	63e vol. p. 213.	Relatione della congiura fatta contro il capitano Alessandro Colini, detto Monsù Du Puy. Premiers mots : *Sotto li XI d'agosto 1608, parti del porto di Livorno il Pattacchio* (sic) *o ga-*

leotta detta il grifone, di Madama serenissima.

PAGES.	Nos des notes.				
74	(2)	Ibidem.	Même correspondance.	5e vol. p. 460.	Lettre de la comtesse de Warvich à la grande duchesse Christine de Lorraine. De Ligourne (Livourne), ce VIe mars 2609. Premiers mots : *Les faveurs dont il plaist à V. A. S...*
75	(1)	Ibidem.	Même correspondance.	5e vol. p. 339.	Lettre de Beauregard-Guadagni, chevalier de Malte. Sans date (de 1608). Premiers mots : *La gran heau que faisait le patache...*
Ibid	(2)	Ibidem.	Même correspondance.	5e vol. p. 535.	Lettre de Beaulieu à la grande duchesse Christine de Lorraine. De la rade de Bandinelle, 29 septembre 1609 Premiers mots : *En attendant le retour du gêntilhome* (sic) *que j'avais envoyé à Son Altesse...*
Ibid	(3)	Ibidem.	Même correspondance.	4e vol. p. 423.	Lettre de Jacques Pierre à Christine de Lorraine, gr. duchesse de Toscane. A Ligorne (Livourne) 17 novembre 1606.

PAGES.	Nᵒˢ des notes.				
75	(2)	Ibidem.	Même correspondance.	4ᵉ vol. p. 347.	Lettre du commandeur des bâtiments à la gr. Duchˢˢᵉ Christine de Lorraine. De Malta, se 20 août 1606. Premiers mots : *Votre Altesse ne saurait crère.*
76	(1)	Ibidem.	Correspondance d'Espagne. 1ʳᵉ série. Minutes des lettres du grand duc Ferdinand Iᵉʳ.	46ᵉ volume sans pagination.	Lettre du grand duc de Toscane, Ferdinand Iᵉʳ, à l'archevêque de Pise, son ambassadeur à Madrid. (De Florence), du 19 janvier 1608. Premiers mots : *Se bene con l'ultime lettere V.S. ci ha rappresentato difficultà insuperabili.*
77	(1)	Ibidem.	2ᵉ Miscellanée, registre de 1608.	12ᵉ volume sans pagination.	Lettre du capitaine Cristofane Pandolfini à l'ambassadeur du grand duc Ferdinand Iᵉʳ, à Madrid. De Madrid, 30 octobre 1608. Premiers mots : *Per alicante, et là, quà per l'istessa via.*
Ibid	(2)	Ibidem.	Minutes de lettres et inserti du grand duc	178ᵉ volume p. 493.	Lettre du grand duc de Toscane, Ferdinand Iᵉʳ, au père général des Jésuites, à Rome.

Pages.	Nos des notes.				
			Ferdinand Ier.		(De Florence), 3 septembre 1608. Premiers mots : *Volendo io, per servitio della Cappella ch' io faccio fabbricare...*
78	(2)	Ibidem.	Mêmes minutes de lettres.	166e volume sans pagination.	1° Lettre du grand duc de Toscane, Ferdinand Ier de Médicis, au père Francesco Corsi, jésuite. De Florence, 10 octobre 1608. Premiers mots : *Doppo che noi havevamo procurato alcune lettere...* 2° Lettre du grand duc Ferdinand Ier à Orazio Neretti. De Florence, 10 octobre 1608. Premiers mots : *Mandiamo in coteste bande per nostra curiosità, e per cercar pietre...*
		Ibidem.	Mêmes minutes. Papiers sans pagination.	170e volume	On y trouve le double de la lettre au père Corsi, du 10 octobre 1608 : *Dopo che noi havevamo procurato alcune lettere.*

ERRATA AUT ADDENDA.

Page 16, ligne 6 : aux termes de.... loi, *ajoutez* la.

Page 62, note 3 : au 31e vol., *lisez :* 51e.

DOUAI. — L. CRÉPIN, IMPRIMEUR DE LA SOCIÉTÉ D'AGRICULTURE.

www.ingramcontent.com/pod-product-compliance
Ingram Content Group UK Ltd.
Pitfield, Milton Keynes, MK11 3LW, UK
UKHW022323070726
13614UKWH00002B/915